おふくろメシ

80のごはんの物語

峯田 淳 編・著

トランスワールドジャパン株式会社

はじめに

「おふくろメシ」という企画を思いついたのは、14年に亡くなった作家の渡辺淳一先生のある新聞記事を見たのがきっかけです。先生はもう一度食べてみたいごはんとして母親が作ったいくら丼をあげていました。北海道出身の渡辺先生は地元で獲れる新鮮ないくらを醤油漬けにし、アツアツのごはんにたっぷりかけてかきこむおふくろの味を生涯、忘れられなかったのかもしれません。しかし、それが意外に思われました。大人の恋愛を描き続けた作家の忘れられない食べ物が母親の作ったものとは――。以来、脳裏に焼き付いて離れない一文になりました。

それで思いついたのが「おふくろメシ」という連載。ただ、「おふくろメシ」はもちろん「おふくろの味」と重なりますが、渡辺先生のいくら丼のような上品でホンワカしたものではなく、もっと質素なものでいいと考えました。たくさんの材料を使った洗練された料理は今や、日本中、どこでも食べることができる。だが、人が何かの瞬間にふと食べたくなるものは粗野で、料理ともいえないような簡単なものではないのか。

その一方で、やっぱり居酒屋のカウンターに並んでいるような肉ジャガとかキンピラ、田舎味噌で作る味噌汁とかが多くなるとどうかなとも思いましたが、実際はそうではありませんでした。〝我が家〟にしかない風変わりな料理や変わったネーミングの料理が意外に多かった。しかも、話を聞くうちに感極まる人、「おふくのメシはまずかった」という割に興奮気味に語る人もいて、登場してくださった方々の思いが濃密でした。誰もが一度は話してみたいテーマなのかもしれません。

ご賛同いただいた方には心からお礼申し上げます。

おふくろメシ●もくじ

第五章　卵のおふくろメシ

第六章　野菜・その他のおふくろメシ

特別編　作った人たちのおふくろメシ

おふくろメシ

三遊亭小遊三さん

落語家。1947年生まれ。

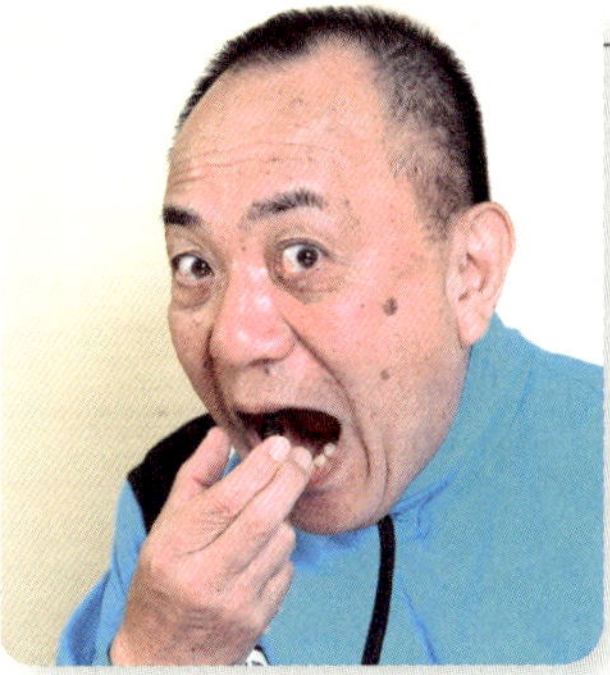

定番のほうれん草の卵とじ お花見の店で食べた太巻き

親父は普通の勤め人でした。明治生まれの親父が50歳、おふくろが40歳の時の子供です。もの心がついた時はおじいさんとおばあさんだよね。小学校2年になる時に横浜から山梨の大月に移って育ちました。きょうだいは上から姉、姉、兄で僕は末っ子。年の離れた上の姉と生活した記憶はなくて、家にいたのは両親ときょうだい3人。末っ子は親にとっては悪いことをしないで病気、ケガをしないで生きてりゃいい、ご勝手に、でした。昔から末っ子は「ミカン箱に入って橋の下に捨てられてたのを拾ってきたんだ」と言われ、ほったらかしですよ。噺家になったのは末っ子だからで、同期もみんな末っ子です。ヨネスケさん、故・痴楽さんとか。最近です、一人っ子が噺家になったりするのは。

専業主婦のおふくろには一回も怒られた記憶がなくて、とぼけた人でしたね。自分の誕生日をごまかしていたから。うちは家族の誕生日はカレーライスと決まっていました。缶入りカレー粉をうどん粉で溶いて、入れるのは裏の庭で採れた野菜。誕生日は姉が1月15日、僕が3月2日、親父が5月5日。兄貴は7月の何でもない日だけど、みんな随分と縁起のいい日が誕生日で、「おふくろは?」って聞いたら、「お父さんが5月5日だから、3月3日」だって。それで僕の誕生日が3月2日だから、おふくろのは前日の残りのカレーで間に合しちゃうと。

ところが、亡くなってから姉が電話をかけてきて、「お母さんの誕生日、知ってる?」というから、「明治41年の3月3日でしょ」っていったら、調べてみたら「4月13日だった」って。

おふくろの楽しみは近所のおばさんとの春の山菜取りとお花見で、末っ子の僕はよく山菜取りにくっついて歩いたものです。ただ、たいしたものは採れない。ワラビとかゼンマイ、ふき、それから山椒とか。それで家に帰ると、ふきは鰹節と醤油で煮て、ゼンマイは油揚げと煮て。親父は山椒を酒のつまみにしていた。オツなもんですよ。でも、そんなもん、子供にとっちゃ、うまくもなんともない。食卓に並ぶから食べるしかないけど、子供は喜びませんよ。

三遊亭小遊三さん　**ほうれん草の卵とじ、太巻き**

作り方

●ほうれん草の卵とじ

①ほうれん草を茹でて、醤油とみりんで煮る。

②溶いた卵を流し込んで出来上がり。

お花見の時はちらし寿司と太巻き、お稲荷さんを作る。太巻きには卵焼き、かんぴょう、そぼろ、きゅうり、でんぶが入って、見た目はきれいです。でも、料理なんてしろものじゃないよね。

正月はおせち料理だし、えびす講では煮物が出たけど、コンニャクが入った煮物なんて子供が喜ばないですよ。「今夜はご馳走だ」とかいってたけど、「何がご馳走だ」ってなもんですよ。

その頃のご馳走といえば、やはり甘いものです。高校の時のお弁当は卵焼きが入ったのり弁。それと、35円もらって真空パックに入った、うずら豆を甘く煮たやつを買って食べた。メーカーは覚えてないけど、35円だったのははっきり覚えている。「甘くてごはんと合わないいんじゃないか」って？　大きなお世話です（笑い）。

あんこも大好きでしたね。生菓子と干菓子ね。生菓子はだいふくとかくず桜、かの子とかで、普段はなかなか食べられない。親戚や来客が生菓子の詰め合わせを持ってきてきれた時はたまらなかったね。

ごはんは竈で薪で炊いていました。味噌汁のだしは煮干しか鰹節。鰹節削りは自分から「やるよ」って言ってやっていた。最後の方になると、

三遊亭小遊三さん　**ほうれん草の卵とじ、太巻き**

作り方

●太巻き

①材料は卵焼き、かんぴょう、そぼろ、きゅうり、でんぶ。

②すし飯を作って、海苔に伸ばして材料を並べて巻き、食べやすい大きさに切る。

小さくなるでしょ。それを手を削るから危ないといって、くれる。それが目的でした。

でも、住んでいた大月あたりでは夜になると、味噌汁のかわりにうどんでした。味噌汁は作らない。うどんはどこにも売っていないから、自分ちでこしらえる。うどん粉をこねて伸ばして短冊に切って、それをうどんを作る二段式の機械に平べったくして通すとできる。それを一束一束ゆでて、冬は味噌煮込みか醤油煮込み、夏はもりです。子供だから腹をすかしていて、いくらでも食えましたね。

よく食べたのはほうれん草。卵とじがよく出ました。茹でて、醤油とみりんで煮てそれに溶いた卵を入れる。卵は鶏が2、3羽いて毎日産むので、よく取り行きました。

兄貴には、褒めると毎日、食わされるから「褒めるんじゃないぞ」っていわれたのを覚えています。だから、料理を褒めるのはいけないことだとずっと思っていました。当時は料理は自慢するものではなく、普通に作って食べればいいし、腕によりをかけてどうのこうのはなかったんじゃないかな。

おふくろメシ

木村祐一さん

タレント、料理愛好家。1963年生まれ。

「焼いてくれや」とせがんだたらこのごま油炒め

よくバラエティーとかで〝最後の晩餐〟は何にするっていう質問があると、割と「お母さんの」という人、いますよね。

僕の場合、ひとつはたらこのごま油炒め。普通たらこは網で焼くでしょ。でも、うちの母はその手法を知らんかったから、フライパンにごま油をしいて焼いていました。両面に焼き色をつけて、中は生、ミデアムレアくらいかな。それを1センチくらいに切って、皿に盛りつけてねぎをかける。ねぎは小口切りの九条ねぎ。家は七条にあったけど(笑い)。ねぎは前の畑にはえてまして、お百姓さんが刈り取ってくれはるんです。メチャメチャ香ばしくてね、ごはん、なんぼでもいけるんです。これは明太子ではダメです。明太子は辛みが飛ぶんでもったいないです。

食べるようになったのは小学校の3、4年くらいからですね。それもことあるたんびにリクエストした。冷蔵庫あけてたらこがあれば、「焼いてくれや」いうて。おかんは家で親父の仕事を手伝っていたから、忙しいんですけど。邪魔くさかったから、せがんだら焼いてくれましたね。

もうひとつは卵だけしか入っていない茶碗蒸しです。どんぶりに溶き卵だけ。味付けはおだしとお醤油だけかな。京都やから、薄口（醤油）なんであまり色がついていない。それを家ではほろほろ卵とよんでたんですけど。卵しか入ってないからフワフワで、ケーキみたいにはならないし、茶碗蒸しのなめらかさもないんですけど。これをよくこしらえてもらいました。

親父は金加工をやっていました。金箔を張ったり、金粉とかを扱っていました。家を増築して工場みたいにして。できたものは室町とかの着物の問屋に納める。ほとんど総留袖でしたね。おかんは金箔貼って、1日くらいしたら掃除機で余分な箔を吸うたりとか、糊を塗ってから金粉をかけたりとか。家には金箔が厚い束でありました。

性格は今もそうやけど、明るかったですね。今73歳かな。16歳で嫁に来て17歳で姉を生んで、19歳で僕が生まれた。弟もいて生まれたのは24歳の時です。顔は細めの感じで僕に似てます。昔の美人みたいな感じで

木村祐一さん　たらこのごま油炒め

作り方

①フライパンにごま油をしき、たらこの両面に焼き色をつける。
②中はミデアムレア。それを1cmくらいに切って皿に盛りつけて九条ねぎをかける。

すね。体格は大きくもなく小さくもなく、性格は活発なタイプ。親父は家族と一緒にいるために金加工の仕事を見つけた人で、ものすごく凝り性でした。趣味人で一点集中主義。釣りやったら釣りばっかり、ゴルフやったらゴルフばっかり、ボーリングやったらボーリングばっかりやっていた。俳句や川柳を作ってラジオに応募したりもしていました。

夫婦仲はよかったですよ。親父は車が好きでマイカーでよく旅行にも出かけた。仕事にきりがついて段取りついたら、一泊で行こうかということがよくありました。舞鶴や淡路島に行ったり。和歌山にもよく行った。

料理が好きになったのは母親の影響もあります。若くして嫁いだので、主婦としては新米だったんでしょうね、子供をポンポンと生んだから、育てるのに忙しくて、じっくり料理を覚えていかはるようになったのは僕が物心がついた頃から。それを手伝うたりしているうちに覚えていった。味噌を溶いたり野菜炒めをやらせてもろうたりとかしながら。でも、母が料理の師匠なわけじゃないですよ。あとは独学です。食べるのは好きやから昼ごはんの前に晩ごはんも考えますからね。

今も自宅でつまみを作ったりすることもあります。最近は鶏もものトマト煮込みをよく作ります。でも、いつもは普通のものですよ。カジキのソテーとか。料理は塩梅が大事で、珍しいもんとかじゃなくて、照り焼きにするにはどんなみりんと醤油の割合で、どんな仕上げで、どんな盛り付けやねんということ。うまいかもしらんけど、創作料理は頼まれればやるけどあまりしないですね。

おふくろメシ

渡辺裕之さん

俳優。1955年生まれ。

手間隙かけて作ってくれたお煮しめ

水戸生まれというとみんなに「納豆」といわれますが、僕は離乳食から納豆だったそうです。納豆を細かく刻み、人参を煮たのを刻んでかきまぜたものです。今でも納豆はよく食べますが、我が家流にアレンジしています。卵をふっくらするまでホイップしてねぎを入れ、味付けの醤油はふっくら感がなくならないように、最後に入れてかき混ぜ、それをごはんにかけて食べる。最近はねぎに擂った白ゴマ、青汁の粉も入れて抹茶風味にしたりします。臭みがなく、すりゴマも入れているので香ばしいですよ。

でも、おふくろの味は納豆じゃないですね。ひとつは節目節目、たとえば、近所の神社のお祭りとか運動会の時なんかに出るお煮しめ。材料は人参、里芋、油揚げ、コンニャク、ゴボウ、ねぎ、それと鶏肉。家は商店街にあったので、八百屋や果物屋、乾物屋とかを一回りすると材料が全部集まった。

　材料を一緒くたに煮ないで、一個一個煮て、最後に盛りつける。おいしいというよりはそんな風に手間暇かけていることを後から知って、心を込めて作ってくれていたんだな、あれがおふくろの味なのかなと思っています。

　お煮しめはごはんの上にのせ、その上から刻んだしょうがをかけるのですが、ちらし寿司みたいになって、見た目もきれいだったですね。

　それから思い出すのがカレーかな。うちのは豚肉入りの辛いカレーでした。関係があるかわからないけど、茨城は養豚が盛んで生産量が日本一、茨城発祥の食べものはラーメン、餃子、鰻丼、ステーキなんかもあって、おいしいものがたくさんあるんです。

作り方

①材料は人参、里芋、油揚げ、コンニャク、ゴボウ、ねぎ、鶏肉。
②人参、ゴボウは好みの大きさ、里芋は皮をむいて塩でぬめりを取る。油揚げは短冊、適度な厚さに切って、こんにゃくは中央に包丁を入れ手綱に、ねぎは輪切り、鶏肉は適当な大きさに。
③人参、ゴボウ、里芋、コンニャク、鶏肉は水から煮て灰汁抜き。油揚げは湯通しする。
④味付けは醤油、みりん、だし汁。人参、里芋はできれば白醤油で別々に。ゴボウ、コンニャク、油揚げ、鶏肉は鍋で煮てねぎは後から加え、人参、里芋を最後にあわせる。

当時はまだルーが出ていなくて、缶に入ったカレー粉で作っていてそれに香辛料も入れる。おふくろは14歳まで満州育ちで戦後引き上げてきた人です。中国では料理に香辛料の八角をよく使うのですが、カレーの時も八角と胡椒の粒をそのまま入れていた。食べているうちにサクッとするので「何」と聞いたら、「それは胡椒」。煮詰めているので辛みは外に出ていて「カリッ」じゃなくて「サクッ」という感じ。正露丸みたいでした。入っているのは豚肉のほかはじゃがいも、人参、玉ねぎ。じゃがいもは丸ごとじゃなくすって入れていた。色は黄土色に近くて、こってりしたカレーでした。

中国にいた当時はすごくいい暮らしをしていたそうです。祖父が満州に行って一文無しから鉱山を5つ、自動車学校と自動車の修理工場をやって財をなした。その時の建物が今でも残っています。ハンティングに行った時の写真があっておふくろはすごいクラシックのオープンカーに乗っている。傍らには猟銃を持っている祖父、弁当が入っているバスケットを持つ使用人。おふくろもきょうだいも着ているのは毛皮のコートです。

渡辺裕之さん お煮しめ

親父は商船学校に行っていた人でした。乗っていた訓練船が沈んで5日間漂流して助けられ、その後、結核で寝たきりになった。治癒しても体が弱くて普通の仕事ができないので物書きか絵描きかになるしかないといわれて、カメラマンになりました。商店街でカメラ屋を始め、撮った写真を学校とかに自転車で届けるうちに、片肺だけど元気になって、そんな時に出会ったのがおふくろです。カメラ屋にいて新しいカメラのファインダーのぞいていたら、そこにきれいな姉妹が写っていた。それがおふくろだったという話で。

親父は僕が結婚する1年前にすい臓がんで亡くなりました。64歳でした。おふくろは84歳で今も元気です。渡辺正也といいます。祖父が満州に行った時に日本にいる祖母のお腹の中にいて、生まれたら男の名前をつけて満州に連れてこいというので正也になった。だから、正也という名前はずっと女の名前だと思っていました。

弟と妹がいますが、きょうだいで食べ物を争ったというのはなかったですね。親父は貧乏だったので、一番みじめなのはお腹がすくことだと言って、子供に食べさせてくれたのでしょう。

第一章

ごはんのおふくろメシ

ダントツで食卓にのぼるのは「ごはん」モノ。
さまざまな工夫がこらされた
食卓の定番のおふくろメシの数々をご紹介。

第一章
ごはんのおふくろメシ

島田洋七さん

タレント。1950年生まれ。

ばあちゃんが作ってくれたねぎ袋・バラ寿司・まぜごはん

佐賀のばあちゃんの家から、夏休みと冬休みにかあちゃんのいる広島に帰ると買うてくれたのは、〝山口の白銀〟というかまぼこ。コリコリしておいしい。ちゃんぽんに入っててんのと違うて、スケソウダラとか小魚ばっかりで作ってて、ごっつうまい。

よく作ってくれたのはアジフライね。かあちゃんは中華料理屋の仲居をしていて、昼とかにね。揚げたてにウスターソースをかけて。めちゃくちゃうまかった。そりゃ広島だから、お好み焼きも。お金がないから肉なし。メリケン粉を丸くのばしてキャベツとモヤシだけのせて、メリケン粉をチョチョチョッとかけてひっくり返し、最後に卵を落としてひっくり返す。

がばいばあちゃんがよく作ってくれたのはねぎ袋。薄揚げを半分に切ると真ん中が空くやん。そこにねぎをいっぱい入れ、牛スジを小さく切って入れ、しょうがをちょっと。牛スジは硬いからハサミで切って5、6個。ようじで留めて、おでんにして。

これを10年くらい前に思い出して食ったら、メッチャうまかった。それをテレビでやって大好評だったんで、博多で「店をやれ」って。息子や親戚のおばちゃんが「春吉おでん」というおでん屋をやってる。

ばあちゃんの料理というとバラ寿司。ごはんに酢をかけて、ゆがいたゴボウ、レンコン、甘く似た椎茸、細く切った人参を入れて。最後に紅しょうがをパラパラ散らして。要するに、ちらし寿司。

それと似たようなんでまぜごはんというのもあって。鶏肉、ゴボウ、レンコン、人参、コンニャク、薄揚げを細く切って醤油で炊くの、甘くね、あまり濃くなく。それをスープごとごはんに入れてまぜて終わり。

家には15羽くらい鶏がおった。学校から帰るとばあちゃんが潰してた。ばあちゃんは「何百個も卵を産んだ後ばい、今日の鶏はうまかろう」ちゅうて、入れてた。

かあちゃんが2年に1回くらい佐賀に来ると、その時もばあちゃんはまぜごはんを作ってた。かあちゃんも「まぜごはんが一番おいしかっ

島田洋七さん **ねぎ袋・バラ寿司・まぜごはん**

作り方

①材料は鶏肉、ゴボウ、レンコン、人参、コンニャク、薄揚げ。
②薄揚げを細く切って醤油で甘く煮る。
③それをスープごとごはんに入れてまぜる。

た」って言うてた。俺も中学校の時は野球部だから、茶碗6、7杯食べたね。

あとは卵焼きね。冷蔵庫はないし、夏場は悪くなるから、ニラを入れて8個くらい割って、だしで味を付けて。だしは鶏がら。食べた後の骨を釜に入れ3、4時間、薪で炊くと白くなるねん。それを卵焼きにも茶碗蒸しにも使うてたね。

（16年3月18日）

第一章
ごはんのおふくろメシ

北山たけしさん

歌手。1974年生まれ。

有明海の恵み豊かな ごまサバ&山芋の包み揚げ

北島三郎〝御大〟の内弟子を8年務め、04年にデビューした北山たけしさんは有明海に面した福岡・柳川の出身。父・豊さん（70）が大のサブちゃんファンで、部屋にはポスターが壁いっぱいに張ってあったという〝演歌の家〟に育った。御大はまさに神様のような存在だ。

最初、歌手になる夢を託されたのは姉だったが、小児ぜんそくのため断念、お鉢が回ってきた。

「自宅の近くに稽古場があって、父に厳しく指導されました。息子に歌手になる夢を実現してもらおうという親心でいつも竹刀片手にビシバシ。怒ると本当に怖かった。そんな時、かばってくれたのが母で〝怒られないように頑張ろう〟といつも励ましてくれました」

母・正子さんが〝父子鷹〟の夢を実現しようと必死の姿を見ながら冷蔵庫に作り置いてくれたのがごまサバだ。

「僕は有明海でとれるムツゴロウや平目の一種のクチゾコ、ウナギ、ドジョウなどの魚を食べて育ちました。グロテスクだけど、クチゾコの煮付けなんか最高。でも、それにも増してうまかったのが新鮮なごまサバです。三枚におろしたサバを切って醤油、みりん、お酒で作った汁に漬け込み、ごまを振るだけ。それを透明の容器に入れて冷蔵庫で冷やしてくれて。なくなるとサバを付け足して漬け込み、いつでも食べられるようにしていた。それだけで、ごはんを何杯もおかわりしました」

ごまサバを常備してくれた正子さんは98年、54歳の若さで亡くなった。北山さんが内弟子になって3年目のことだ。05年に紅白出場を果たした晴れ姿を見てもらえなかったが〝御大〟の次女と結婚し、北島ファミリーとして今も活躍し続けることを誰よりも祝福してくれているはずだ。

「師匠にもごまサバを食べてもらいたいけど、青魚やヒカリものが苦手。その代わり、喜んでもらったもうひとつのおふくろの味があります。山芋と海苔の包み揚げです。山芋と粘り気が強い大和芋をすりおろして合わせ、四つ切りの有明海苔の真ん中にのせて包んで油で揚げるだけ。田舎にいる頃は一度に20個くらい食べていたかな。僕は3年前から急に

北山たけしさん **ごまサバ&山芋の包み揚げ**

作り方

①山芋を包む際は海苔の四隅を持ち上げる。
②揚げて山芋が膨らんできたら出来上がり。

お酒が飲めるようになったのですが、アテにいいですね」

〝御大〟のおふくろの味は〝有名な〟おはぎ。北山にとってはごまサバ、包み揚げ、おはぎは〝おふくろ3点セット〟だ。

（16年4月1日）

西川俊介さん

俳優。1994年生まれ。

食欲がない夏場でも3杯いけるトマトスープごはん

2月7日に放送が終了した「手裏剣戦隊ニンニンジャー」(テレビ朝日系)で主役の「アカニンジャー」伊賀崎天晴を演じた。

「今年1月10日くらいまでは約1年間、週1日休みがあるかないかでした。朝が早いという大変さはありましたけど、キャスト、スタッフ、アクションを指導してくれたジャパンアクションクラブの方たちと出会えて毎日楽しかったですね」

小1から中3まで野球、高校ではバスケットボールに打ち込んだ。身長178センチ、体重60キロ。華奢だが、ダイエットはしていない。

「最大63キロ。西川家はおやつにきなこ餅3つとかスルメイカが出てくるような渋い家で、めちゃめちゃ食べさせられたんですけど、太らないんですよ。基本、野菜が好きではなく、トマト、ピーマン、セロリ、カボチャ……果物もあまり好きじゃない」

西川俊介さん **トマトスープごはん**

作り方

①エビ、イカ、アサリなどのシーフードに熱湯をかけて臭みを消す。
②オリーブオイルでニンニク、鷹の爪、ベーコン、玉ねぎを炒め、湯切りしたシーフードとキノコ類を入れ塩·コショウで炒める。
③トマトの水煮缶と白ワインを入れて少し煮る。コンソメと水を加える。
④煮込んでバジル、塩、砂糖などで味を調える。
⑤出来上がったらお皿にごはんを盛り付け、スープをかける。

母親の由紀さんがミキサーで細かくするなど工夫して食べさせてくれた。「トマトスープごはん」は苦手な野菜たっぷりだが、大好きな一品。

「体調が悪かったり、夏暑くて食欲がない時でもどんぶり3杯はいけます。おやつに食べる時もありました。さっぱりしていて食べやすく、タバスコをかけたり、パスタにしてもおいしい」

風邪をひきやすく、2カ月に1度、40度近い高熱を出す。一人暮らしの息子の体調を気遣い、由紀さんは時々前橋から上京し身の回りの世話をしてくれる。

「手洗いとうがいをしなさい、温かくして寝なさい、免疫力を高めるR-1ヨーグルトを食べなさいってしょっちゅう言っていますね」

高校時代に芸能界を目指した西川さんに「ジュノン・スーパーボーイ・コンテスト」を勧めたのも由紀さん。都内の大学に進学した13年、第26回コンテストで準グランプリに輝いた。

「一人暮らしを始めた時、料理ができなくて母親ってやっぱりありがたいと思いましたね。元気で活躍する姿をもっと見せたいです」

（16年3月4日）

第一章
ごはんのおふくろメシ

野生爆弾
くっきーさん

お笑い芸人。1976年生まれ。

停学になって説教された後に作ってくれたソースごはん

お笑いコンビ野性爆弾の川島邦裕さんは16年9月に「くっきー」に改名した。滋賀県出身。180センチの身長に横幅もある巨体はおかんの清美さんの「ソースごはん」が育んでくれたものだ。

「面倒見がいいおかんでね、いつも手料理を作ってくれたというわけでもないんですけど、腹をすかせていると、台所に立って作ってくれた。土曜日も学校があった時代で、午前中の授業を終えて帰ると、兄と妹と僕の3きょうだいに両親の5人家族みんなでソースごはんを囲む。土曜の昼の味でもありましたね」

作り方は簡単。油をひいて熱したフライパンで、ごはんを溶き卵と混ぜ合わせながら炒め、皿に盛る。そこへ鰹節をワッサとかけ、さらに関西地方の定番イカリソース（ウスターソース）をジャバジャバとかけて、出来上がり。

「おかんのオリジナルやと思うんです。調味料はソースだけで、塩こしょうもなし。お好み焼きに近い味かもしれません」

中学時代に悪さをして校長室に呼び出され停学になった。清美さんは自宅でパンツ一枚での正座を命じ、竹の定規で太ももを打ちながら、説教を続けた。叱った後も黙ってソースごはんを作り、腹いっぱいにしてくれた。

「ジャッキー・チェンがはやってた頃、家で蛇拳とか、ジャッキーの中国拳法をまねして兄と騒いでいたら、居間の蛍光灯を割ってしまったんです。その破片が砕け散り、パラパラ降ってきて、ソースごはんの上にかかっちゃった。それを見たおかんは一言、『破片取って食え』。2時間くらい取ってたかなあ。それでも破片が残ってないか不安で、ゆっくりと食べました。あんなに時間をかけて食べたことはない」

吉本の芸能学校「NSC大阪」を卒業、19歳で家を出た際は息子が心配で、引っ越しの翌朝、突然やって来た。

「ちょうど女の子がいたんで居留守を使っちゃったんです。それでも

野生爆弾 くっきーさん **ソースごはん**

作り方

①5人分なら卵は5個。油をひいて熱したフライパンにごはんを溶き卵と混ぜ合わせながら炒め、皿に盛る。
②出来立てにたっぷりの鰹節、ソースをジャバジャバとかけるだけ。

ドアの向こうに3時間くらいいて『くーちゃん、くーちゃん』と言って帰らないんですよ」

最近は孫（7歳の長女と3歳の長男）に会いたいとせがむという。得意のソースごはんを食べさせたいのだろう。

（15年10月23日）

第一章
ごはんのおふくろメシ

横内　正さん

俳優。1941年生まれ。

〝魚嫌い〟の少年にはとっておきのご馳走だったちらし寿司

時代劇「水戸黄門」の〝格さん〟役で知られ、今もドラマや舞台などで活躍する横内正さんは戦後、中国・大連から引き揚げてきた。当初祖母、両親ときょうだい6人の家族はバラバラ。母親は薩摩おごじょで鹿児島に引き揚げ、横内さんは祖母と鳥取、愛媛と転々とした後、鹿児島に合流。小学6年時に父親の後を追って北九州に移った。

「父親はバイオリンの英才教育をやるスズキ・メソードという組織の北九州支部の責任者として単身、若松に行くことになり、それを心配した祖母が僕と先に移って3人の生活が始まり、生活が定着してから母親やきょうだいを鹿児島から呼び寄せました。僕は中学に入って演劇をかじってからそれ一筋だったので、仲間とメシを食うことが多くて。おふくろの味は鹿児島時代のもの。当時は食糧難ですからどこの家も貧しかった。ごはんだけ炊いて塩をかけて食べたとか、特に鹿児島では、おやつがサツマイモで、弁当にサツマイモ1個ということもあったかな。大体、白米なんか食べられないから、いつも麦ごはんで、父親が出稼ぎから帰ってくると、白米を炊いていましたね。よく食べていたのはキビナゴを煮たものですね」

だが、横内少年は問題を抱えていた。父親が魚嫌いで食卓に載らなかったこともあり、横内さん自身も苦手、というか食わず嫌い。魚がダメなら当然肉だが、高級品で普段から口にできるものではなかった。それでも子供のために、トンカツなどを作ってくれたという。そんな中、横内さんにとってのご馳走はちらし寿司だった。

「椎茸、人参に竹の子と、色合いをよくする斜めに切ったサヤインゲン、それにボイルした小エビが入っていた。ひとつひとつ煮しめ、冷やして酢飯と混ぜ、上から錦糸卵をかけることもありました。魚が苦手だから、エビはよけて食べたけど」

横内さんは今もこのちらし寿司を作ることがある。実は女性誌で「ヨコ様のうま飯」という連載をしていて、ちらし寿司も紹介したことがあ

横内 正さん **ちらし寿司**

作り方

①材料は椎茸、人参、竹の子、斜めに切ったサヤインゲン、ボイルした小エビ。
②ひとつひとつ煮しめ、冷やして酢飯と混ぜ、上から錦糸卵をかける。

る。

作ってくれた母・静子さんは06年に101歳で大往生。すでにきょうだいのうち4人が他界、存命なのは三男の横内さんと妹のみ。

実は、寿司屋に行ってもトンカツを頼んだりするほどだが、魚をまったく食べないわけではない。たまにサバ缶を買ったり、「白身より青魚で血合いのあるサバ、サンマ、カツオを食べることもある」そうだ。

（16年6月10日）

第一章
ごはんのおふくろメシ

新納慎也さん

俳優。1975年生まれ。

「吉本新喜劇」を見ながら食べた焼き飯

「新納」と書いて「にいろ」と読む。戦国時代から江戸時代初期にかけて薩摩・島津氏に仕えた家臣、新納忠元を祖とする一族だ。三谷幸喜脚本の大河ドラマ「真田丸」の第15回から豊臣秀吉の甥・秀次役を演じる新納慎也さんはその末裔。現実の新納氏は秀吉の九州征伐で敵対したが、ドラマは逆の立場を演じる。

新納さんは父親が高校を卒業して故郷・鹿児島を離れ、神戸の建築会社に就職したため神戸出身。１８０センチの長身でご覧の小顔で細身。16歳の時にスカウトされ、学生服などのモデルを始めた。もっとも、本人は「芸能の仕事をやりたいとは思っていなかった」。それでも〝自己表現〟することにはこだわって、高校を出て大阪芸大の演劇コースに入学。

「中高はハンドボール部で、部活に明け暮れました。母は化粧品会社に勤めるキャリアウーマンなのに、そんな僕のためにごはんを作ってく

新納慎也さん　焼き飯

作り方

①人参、玉ねぎ、ピーマン、ベーコンを油で炒めて塩、コショウし、マギーブイヨンで味付けしてから皿に移す。
②同じフライパンに卵を薄く広げて焼き、皿に移す。
③同じフライパンに冷や飯を入れて炒め、①と②の具材を投入して炒め、醤油で味付けして出来上がり。

れたわけだけど、とても上手で。ただ、不思議なのはトンカツの時もステーキの時も食卓には必ず錦松梅のフリカケ、イカナゴのくぎ煮、山椒が並ぶこと。それが新納家のしきたりなんです」

定番はまだある。当時は土曜が半ドンで、昼ごはんは学校から帰宅して食べた。その時、決まって出るのが焼き飯。

「当時、土曜午後に放送されるのが『吉本新喜劇』。それを見ながら焼き飯を食べるのが楽しみで。僕は離乳食がこの焼き飯だったそうで、まさにおふくろの味。ブイヨン、醤油のシンプルな味付けです。不思議なのは母親にレシピを聞いて一人暮らしを始めてから作ってみたけど、どうやってもあの味にならないんです。何が違うのかな」

母・順子さんは当時はオカッパで黒髪のストレートの楠田枝里子似の美人。大きな声でケラケラ笑う、おおらかな性格だ。大学を中退して役者になると打ち明けた時は父親とモメたりしたが、今は一家で応援してくれている。「真田丸」出演後、実家に帰ったら順子さんが腕によりをかけた焼き飯を作って祝ってくれるのでは。

（16年4月15日）

第一章
ごはんのおふくろメシ

半田健人さん

俳優。1984年生まれ。

お腹がすいた頃に作って持ってきてくれた夜食の雑炊

01年、「ジュノン・スーパーボーイ・コンテスト」でファイナリストに選ばれ芸能界入り。03年には「仮面ライダー555」（テレビ朝日系）の主役・乾巧役で注目された。その後、「タモリ倶楽部」（同）などのバラエティーで、鉄道や高層ビル、昭和歌謡が好きといったマニアックな素顔が明らかに。〝イケメン〟プラスアルファの魅力で幅広いファンをつかんでいる。

「おふくろは〝いかにも日本のお母さん〟というタイプじゃなくて、顔のつくりが派手で目立ちましたね。若い頃はモデルにスカウトされたこともあったみたいです」

スマートフォンで見せてくれた母・直美さんが赤ちゃんの半田さんを抱いている昔の写真はまさにハーフのモデルのような美人。ルックスは遺伝のようだ。

「ただ、おふくろは人前に出るのが嫌いで、普通の専業主婦です。家では毎日バリエーションに富んだ料理を作ってくれました。唐揚げとかハンバーグとかガッツリ系が多かったけど、そのおかげでボクは偏食にならなかったのだと思います。太らない体質もおふくろの料理がそういう体を作ってくれたんだ、と。一人っ子なんで大事に育てられたなという実感もありますね」

中高時代、直美さんは息子に外で買うことをさせず手作りの弁当を持たせた。

「兵庫なんで、おかずがたこ焼きという友達もいたけど、おふくろは肉や野菜をバランスよく入れてくれた。〝おふくろのごはんの取材だって〟って言ったら、〝弁当には冷凍食品は使ってなかったって言ってよ〟と」

これをしろ、あれはダメとうるさく言わず自由にさせてくれた。ひどく怒られたことはなく、中学に入ると、夜更かしも公認。夜11時ごろから読書や音楽を楽しんだり、勉強を始め、夜中2時、3時に寝る夜型生

半田健人さん **夜食の雑炊**

作り方

①鍋に鰹節などでだしを適量作り、火にかける。沸騰したら白菜、しめじ、しょうが、竹の子など野菜を入れる。
②薄口醤油、酒、みりんで味を調え、ごはんを加えてほぐす。
③溶き卵をまわし入れ、ふたをして蒸らす。
④おわんに盛り、三つ葉やねぎ、ゆずなどをのせる。

活を送っていたという。

「夜中にお腹がすいたなと思ったら、そのタイミングで夜食を作って持ってきてくれるんです。ボクはこの夜食に育てられたと思うぐらい、ありがたい瞬間でした」

雑炊やうどんといったお腹にやさしいものが多く、お気に入りは雑炊だった。

「汁物が好きでとくに夜中は汁気のあるものがよかった。その日冷蔵庫に入っているものとか、鍋の残りとかで作ったと思うんですけど、だしが効いた汁に卵、野菜、キノコ、しょうがなどがたくさん入っていて。しかも、毎晩入ってるものが少しずつ違うんです」

そんな恵まれた食生活の反動が出たのは芸能活動のため、高3の12月に単身上京してから。外食ばかりで3カ月で胃腸炎を起こしてしまった。

「おふくろはボクが思っていた以上に心配だったみたいで、わざわざ上京しておかゆを作ってくれたりしました」

感謝の気持ちはなかなかうまく伝えられず、関西で仕事の際は実家に寝泊まりして罪滅ぼしをしている。

（17年3月22日）

すずきBさん

放送作家。1970年生まれ。

とことんこだわりの朝食セットは〝命の洗濯〟

放送作家として「学校へ行こう！」（TBS系）や「内村プロデュース」（テレビ朝日系）などを手がけ、人気番組の「秘密のケンミンSHOW」（日本テレビ系）や「ヒルナンデス！」（同）の構成を担当するすずきBさんは先月、「浮気とは『午前4時の赤信号』である。」（ワニブックス）という刺激的なタイトルの本を出版したばかり。

内容は、98年に結婚した〝鬼嫁〟由美子さんとの壮絶な生活を、余すところなく書きつづったものだが、この中で実母・秀子さんにも触れ、嫁姑のバトルも描かれている。すずきBさんと由美子夫人も相いれないが、嫁姑も同様で、〝おふくろの味〟に関して、すずきBさんは秀子さんの圧倒的な支持者である。

闘いの場は朝食。出身は静岡・磐田市で、年に何回か帰省した時に秀子さんが作ってくれるのは、ごはん、味噌汁、サケ、釜揚げしらす、大根おろし、サラダ、イカのみりん焼き、昆布のつくだ煮、焼き海苔の朝食セット。

「とにかく米、ごはんがおいしい。母親は祖母から受け継いだ水加減、炊き方、よそい方に今もとことんこだわっている。米は、静岡産コシヒカリ。水はその時に食べるものを考えて、ラインの上か下かを決める。炊くのはガス釜で、炊きあがったごはんはジャーで保温する。よそい方は少なめにフワッと。温泉旅館で女将が上品によそうごはんに似ている。『おかわりしてくださいね』と言われる、あの感じ」

家族で帰省すると、朝は鰹だしの食欲をそそる香りで目が覚め、秀子さんが味見皿を手に息子に味噌汁の味のチェックを求める。それを見た〝鬼嫁〟からは「おまえは総料理長か」というキツい一発が飛んでくるが……。具は6枚に切ったイチョウ切りの大根、サイの目に切った豆腐、細長く切った油揚げで「大根は程よい硬さが残っていて、豆腐は1センチ大、油揚げはグニャッとなっていないない状態」の完璧さ。食べる直前にアサツキを散らす。

「それと欠かせないのはパリッパリの焼き海苔ですね。味付け海苔で

すずきBさん　**朝食セット**

作り方

①味噌汁の具は6枚に切ったイチョウ切りの大根、サイの目に切った豆腐、細長く切った油揚げ。「大根は程よい硬さが残っていて、豆腐は1センチ大、油揚げはグニャッとなっていない状態」。
②食べる直前にアサツキを散らす。

はなく。おかずはちょっとずつ小鉢に盛りつけてくれる。しらすも別盛りのどんぶりがあって、食べたい時に食べたい分だけ自分で取ります」

ところが、これを見た長野出身の由美子さんは、露骨に嫌な顔をする。それも納得なのは、こんな理由だ。

「静岡と長野では食文化が違い過ぎる。嫁の長野の実家に行くと、おかずが大皿でドカンと出てくる。それで僕の実家の朝ごはんを『ケチくさい』とか『カッコつけている』と言うから、何度もケンカしましたよ。嫁はサンマの時にスダチもカボスもなし。カレーの時はらっきょうも福神漬けも出てこないから、僕がコンビニに買いに走ります」

すずきBさんには〝おふくろの味〟が命の洗濯ということだろう。

（16年11月7日）

第一章
ごはんのおふくろメシ

大川 豊さん

タレント。1962年生まれ。

白米みたいに柔らかい玄米ごはんと深谷ねぎの味噌汁

学ラン集団・大川興業を結成し、お茶の間を賑わせた「総裁」こと大川豊さんは、東京近郊にあった米軍基地「キャンプ・ドレイク」で働く母に育てられた。人々は米兵と親交を持ちながら、街では反米、戦争反対の声がかしましかった時代だ。

「母は昭和1桁生まれですけど、英語とドイツ語ができ、『リトルペンタゴン』と呼ばれた基地の施設に通ってました。週末になると、ゼネラル（将校）が板橋区常盤台にあったウチに食事に来て京風の湯豆腐を振る舞ったり、草月流の師範でもあったので生け花でもてなした。生きるためなら清濁、右も左も併せのむのが当然と構えていた。親父がどっか行ってしまい、そのことを尋ねると『おまえが親父になって家を守れ。

男だろう』って言われたのを覚えてます」

食卓でもそんな考え方や生きざまが反映していた。

「何でも食え、捨てたり無駄になるものは何ひとつないと。ほうれん草は根っこに栄養があるんだって、そのまま切らずにおひたしに。キャベツは芯も使い、魚も頭から骨まで丸ごと食べる。キャンプに行けばいくらでも食べ物があったけど、母は家に帰ると台所に立ち、3歳上の兄と僕を手料理で育ててくれた。母の故郷の深谷ねぎを入れた味噌汁はねぎが溶け、いい味を出すんです。手前味噌ですが、うまかった」

もっとも鮮明に覚えているのは玄米ごはん。

「白米みたいに軟らかくて何杯でもいけるんです。炊飯器などないから、圧力釜の火加減を自分で調節しなければならない。もう一度あのごはんを食べたくて人に聞いたりいろいろやったんですけど、硬すぎたりベタベタになったりしてうまくいかない。母は大学2年の時に死んでしまったので、作り方を教わることもできないんですよね」

とはいえ、そんな母の教えは今も息づいている。

「リンゴは虫食いでも食べるし、パンの青カビも賞味期限切れの刺し

大川 豊さん **玄米ごはんと深谷ねぎの味噌汁**

作り方

①味噌汁は深谷ねぎが溶けていい味に。

②玄米は圧力釜の火加減を調整して。

身も気にしない。乳製品は多少腐っていても平気。芸もそうで、ありとあらゆるものがネタになる。無駄なものはない。オーディションで落とされたり、駄目だと思われていることにこそ、面白いものが隠れているんです。03年に始めた『暗闇演劇』もそう。光の中だけじゃなくて、暗闇の中にもドラマはあるんです」

（15年9月18日）

第一章
ごはんのおふくろメシ

野沢道生さん

カリスマ美容師。1963年生まれ。

卵の味噌汁付きで出たケチャップが隠し味のカレーチャーハン

11年まで10年続いた美容バラエティー「ビューティー・コロシアム」(フジテレビ系)のレギュラーを務め、カリスマ美容師として知られる野沢道生さん。生まれは渋谷区だが、育ったのは杉並区内。祖父は作家で祖母が手芸の先生、父・哲男さん(76)は東映の元俳優という家柄だ。

「家には父親が共演したことがある美空ひばりさん、高倉健さん、里見浩太朗さんと撮った写真が今も残っていますが、26歳の時にスッパリやめて新宿でレストランを始めたんです。その頃に知り合ったのが美容師だった母。僕は笹塚(渋谷区)で生まれ、杉並の家に移り住みました。家は畳、板の間の部屋に縁側がある小さな平屋。職業柄、派手なイメージがあるかもしれませんが、父親はきちんとした性格の人でサラリーマンの家と変わらない生活でした」

楽しみは親子で出かける新宿・京王デパートでの買い物と屋上レストランでの食事。旗が立ちケチャップがかかった「お子様ランチ」が定番だった。野沢さんは運ばれてくるのを待ちきれず、隣のテーブルのおすそ分けをもらったりしたことがあるという。そして、家で作ってくれたのがケチャップを隠し味にしたカレーチャーハンだ。

「ドライカレーというのかもしれないけど、ひき肉が入っていてSBのカレー粉で味付けし、ケチャップの赤で濃い色をした焼きごはん。これに決まってついたのが卵を落とした味噌汁で、カレーでホットになっている口の中を和らげてくれた」

美容師を目指したのは母・享子さん（80）と友人の影響だ。

「友人の父親が著名な美容家で、家に遊びに行ったら、マスタングなどの高級外車があり、庭に大きなチャウチャウ犬を放し飼いしている豪邸でした。美容師になったのは、いつかはこんなシャレた家に住めるんだと思ったのがキッカケです」

高校を出て、山野美容学校を卒業、原宿、渋谷の美容院などで働いて独立。海外のヘアショーで有名になり、「情熱大陸」（TBS系）に出演

野沢道生さん **カレーチャーハン**

作り方

①材料はひき肉、人参、ピーマン、玉ねぎ、卵、ごはん。

②ひき肉、野菜を炒めてごはんを加える。SBのカレー粉、トマトケチャップは多め。出来上がりに目玉焼きをのせる。

③味噌汁は大根や豆腐を入れ、卵を落とす。

したことも。昨年、銀座に美容室を開業した。

「母は僕が出ている雑誌などを見て鋭く評論します。最近は忙しくて一緒に食事をしても外食ばかり。たまにはあのケチャップ味のチャーハンを作ってもらおうかな」

（16年5月13日）

第一章
ごはんのおふくろメシ

高山忠士さん

空手家・モデル。1976年生まれ。

割烹着姿で作ってくれたたこライス

メダルを口元にほほ笑むのは、美女軍団オスカープロ所属のモデルにして空手家の高山忠士さん。10月、ロシアで開かれた極真空手の世界選手権65キロ級で3位に入賞した時のものだ。中学・高校時代、野球や陸上で、地元鹿児島や全国クラスで鳴らした肉体派は母・由美子さんが作るほっかほかの「たこライス」によって育まれた。

「朝の残りの冷や飯で作るメシです。ちょっと焦がしたヤマキュー醤油が香ばしくて、深いカレー皿に大盛りにしたのを一気にかっ込むんです。1合じゃあ足りなくて、2合近く食べていたかな」

ヤマキュー醤油（久保醸造）は故郷・鹿児島の独特の甘さが特徴の名品。たこも当然、地場ものだが、祖母宅で調達していた。

「実は鹿屋市の実家近くで祖母が魚屋を営んでいて、実家は料亭、親父が板前でした。腹をすかした僕が部活帰りに祖母からたこをもらって、母に『たこライス』を頼んだりしていた。母はいつも着物で、割烹着姿で台所に立っていたのを覚えています」

由美子さんも九州女で元卓球選手。若い頃は東京でエレベーターガールをやっていた地元の有名な美人。ところが、とてもさばけた性格で。

「中学の時『もうエッチな本読んだの？　代わりに買ってきてあげようか』と言ってきたり、高校生の僕に『彼女作りなさい。女の子には優しくするのよ！』と言うようなとてもオープンな母です。親父が寡黙な男だったこともあって、代わりに積極的に話しかけようとしてくれていたのかもしれません」

高校時代に肩を痛めて卒業と同時にスポーツで身を立てる夢を諦めて家を出た。父と同じ板前になり、大阪や東京で働いて、帰省すると「たこライス」を作ってくれた。

「僕にも娘が生まれ、初めて母が抱いた時『あらまあ』と笑いながら泣いて。娘はいま4歳ですが、妻がオスカーのモデルということもあり、娘もモデルを。さらに、僕もモデルをやるようになって初めて、『実は若い時は私もモデルやってたのよ』と。初めて知らされた僕は驚きまし

高山忠士さん **たこライス**

作り方

①フライパンを火にかけて、サラダ油でごはんと白ねぎを炒めて、ぶつ切りにしたたこを入れて混ぜ、コショウを振る。
②味付けはヤマキュー醤油。隠し味はみそ汁の上澄み。
③仕上げに刻みねぎや大葉、味海苔をもんで振りかける。

た」

空手はジャッキー・チェンに憧れて20歳で始めた。強さはたこライスのパワーが源だ。

（15年11月13日）

第二章

お汁のおふくろメシ

スープに味噌汁、雑煮にシチュー…
水加減も味付けも、入れる具も
それぞれに個性が出る。
そんな家庭のお汁の話。

大森研一さん

映画監督。1975年生まれ。

具だくさんでびっくりするくらい甘い麦味噌汁

出身は愛媛・松山。両親は西予市（南予地方）生まれ。米、野菜などを栽培、牛や鶏も飼って味噌まで造る祖父母の家。隣家までは2、3キロ離れた陸の孤島という環境。忙しい時期には、親戚一同が集まって稲刈りや牛の餌やりなどを手伝っていた。

「子供の頃から、稲刈りとか忙しい時期には親戚が集まり農作業を手伝っていました。食べ物は何でも残さず食べるようしつけられ、残すと〝やいと（お灸）〟をすえられるくらい厳しかった」

田舎の食卓に欠かさず出たのは麦味噌汁。

「もうびっくりするくらい甘い。おしることといい勝負です。煮干しでだしを取って自家製の麦味噌を溶いて作る。カボチャ、白ねぎ、玉ねぎ、椎茸、豆腐など大きく切った具がお椀にてんこ盛りで出てきた。食べき

大森研一さん　麦味噌汁

作り方

①煮干しでだしをとる。
②大きめに切った野菜（カボチャ、白ねぎ、玉ねぎ、木綿豆腐、椎茸）を入れる。
③野菜に火が通ったら、麦味噌を溶き入れ、ひと煮立ちさせたら火を止める。

れなくて苦労しました」

あまりの甘さに中学時代はしょっぱい味噌汁が食べたくてスーパーで合わせ味噌を購入。母親に味噌を替えてくれるよう頼んだが、作ってくれなかった。それで高校卒業後、実家を離れてからは「しょっぱい味噌汁ばかり食べていた。お気に入りは合わせ味噌に、あおさと油揚げ入り」。

そんな激甘麦味噌汁が南予地方の郷土料理と知ったのは昨年。

「新作の準備で宇和島市入りした時のこと。そこは南予地方一番の激甘味噌汁地帯で、お店で出てきた味噌汁にびっくり。これまでは実家だけが特有で、単に親が好みの味で作っていたと勘違いしていたので地方丸ごとがそうだったとは知らなかったですね」

それでも今は麦味噌汁を時おり妙に食べたくなるという。とくに二日酔いの時だ。

「飲み会で頼むのはホッピー。焼酎で週1は二日酔いになる。そんな時に無性に麦味噌汁が飲みたくなる。食べると調子がよかったりね」

いろんな思い出が詰まったおふくろの味だ。

（15年9月25日）

第二章
お汁のおふくろメシ

長谷川 豊さん

フリーアナウンサー。1975年生まれ。

フジテレビを辞めて再出発を誓った時も食べた雑煮

「奈良の実家では、正月を迎えて最初に食べるのがやはり雑煮。母の料理は全部、好き。そんな中でも極めてシンプルながらお腹にしみ入り、ホッとする味わいの母の雑煮は格別。また新しい一年が始まるんだと、食べながら身の引き締まる思いがしました」

こう語るのはＴＯＫＹＯ ＭＸ「バラいろダンディ」のＭＣ、長谷川豊さん。母・早苗さん（68）は元小学校教諭。奈良教育大出の才媛で料理も上手だった。

「雑煮もそうなんですけど、出してくれた料理を黙って食べると、きちんと栄養のバランスも取れる。味は父方の実家が東京は品川でしたので関東風の醤油ベース。昆布と鰹でだしを取った雑煮を『お澄ましのおつゆ』と母は言っています。関西の丸餅を使い、焼いてから入れるのがこだわり。12月30日に親戚一同が揃って杵と臼でつくのが習慣で、つきたてを食べる。これがとてつもなくおいしくて、僕などはひたすら雑煮だけを食べていました」

思い出は年の数だけあるが、忘れられないのは13年暮れ。アナウンサーとして勤めていたフジテレビから、いわれのない業務規定違反疑惑をかけられ、降格処分に遭って退社を選択、バッシングの中、フリーでの再出発を誓った。

「苦しくつらい時に『何があろうと、あなたの味方や。命と人生をかけて守り続ける』って、目に涙をためながら言ってくれたのが母でした。そして、いつものように一緒に新しい年を迎え、雑煮を作ってくれた。一度リセットして頑張ろうと思ったのを覚えています」

この時の早苗さんの応援もあって、長谷川さんはフジ時代以上に活躍し、今やテレビ週7本、週刊誌などに月30本ものコラムを担当している売れっ子である。

「恩を倍返し、いや3倍4倍にして返してやるつもりです。先日はヘルシンキとウィーンへの旅行をビジネスクラスでプレゼントできたけど

長谷川 豊さん **雑煮**

作り方

①昆布と鰹でだしを取って味付けは酒とみりん。
②鶏肉、湯戻しした椎茸、竹の子を加え、味付けは関東風だけに濃い口醤油。
③そこに焼き餅、トッピングに茹でたほうれん草を加え出来上がり。

まだ足りません」
中3の長男を筆頭に小5の次男、小1の長女と子どもが3人。孫の笑顔を届けるのが最高のプレゼント。今度の正月も最高の雑煮を作って迎えてくれるに違いない。

（15年12月11日）

第二章
お汁のおふくろメシ

和田青児さん

歌手。1969年生まれ。

挫折して帰郷した時に大鍋いっぱい用意してくれたけんちん汁

「僕を守ってくれた料理」というのは母・トシ子さん（80）のけんちん汁。17歳でデビューして1年ちょっとの88年、「やっぱりダメ」と言って郡山市の実家に帰ってしまった時のこと。

「みんなに見送ってもらい、〝頑張れよ〟と応援していただいているのに、芸能界の厳しさにくじけて逃げ帰ってしまった。みっともなくて、表を歩けないですよね。知り合いに会ってしまったら、何と言っていいか分からない。オフクロはそのあたりのことを考えてけんちん汁を大鍋いっぱい、作っていてくれたんです。それを食べていたらずっと家にいられる。外に出なくてもいいようにって」

けんちん汁には地元で「しみ豆腐」と呼ぶ高野豆腐に似た東北地方の特産が入っている。トシ子さんは小料理屋を営んでいたこともあり、工夫と手間がかかっていた。

「いつものように七味をどっさりかけ、まずはごはんで食べ、翌日にうどんにして食べたりして、本当にずっと家にこもりっぱなし。おかげで大学進学や就職で生き生きしている同級生とも顔を合わせずにいました」

息子が東京でつらい思いをして、疲れ果てている——。トシ子さんはしばらくは何も言わずに見守ってくれたが、何週間かして、静かに言った。

「アンタには歌しかないんだろう？　こっちで仕事なんてないし、どこまでできるか、もう一度やってごらん」

母一人、子一人の家庭。それまでも「大物にならなくていい、本物になりなさい」などと言って勇気づけてくれたが、「歌しかない」の一言が和田の目を覚ました。

「オフクロだけに見送られての2度目の出発。駅で、オフクロは涙を流していました。けんちん汁の味もそうですけど、一生忘れないと思います」

和田青児さん **けんちん汁**

作り方

①大根、人参、ゴボウ、豆腐、コンニャク、しみ豆腐を鍋で煮込む。
②豚バラ肉を湯通しし、あくを取ってから再び煮込む。
③麹味噌で味付けし、刻んだ長ねぎをかけて出来上がり。

震災で実家は倒壊。家族5人の埼玉の自宅に母親を引き取り、面倒を見ていたが、認知症の兆候が出始めたため、今は老人ホームに入っている。

「けんちん汁はオフクロの味を知る女房が作ってくれています。中1を頭に3人いる子供も好物で、『豚汁』って喜んでいます。けんちん汁なのに豚汁って言うんですよ」

歌手を志したのは、〝歌が大好きだった母を喜ばせたいからだった〟と最近気がついたという。

（16年3月11日）

板東英二さん

野球解説者、タレント、俳優。
1940年生まれ。

伝説の高校球児が旧正月に食べた白味噌仕立ての雑煮

高校時代、徳島商業のエースとして全国に名を轟かせた板東英二さんは戦後、一家で中国から引き揚げてきた。少年時代はそれこそ、食うや食わず。著書「板東英二の生前葬」でも、「トウモロコシならいい方で、稗や粟とかを食べていた。一番嫌だったのがドングリの粉」と書いているが、本当にひもじかったようだ。有名な茹で卵好きも少年時代のそんな生活ゆえである。

両親と姉、兄の一家5人の正月も裕福というものではなかった。

「当時正月といえば、1月半ばすぎの旧正月のこと。引き揚げ者の家族は元日の新正月には餃子を食べ、お餅は旧正月に食べました。餃子は茹でたものか、蒸したもので皮が分厚い中国で食べるもの。うどん粉を食べる感じですが、徳島はうどんが文化の土地柄、皮の厚い餃子はとってもおいしいんです」

板東英二さん　白味噌仕立ての雑煮

作り方

①具は大根と里芋だけ。大根は輪切りを4等分、里芋は茹でて半分に切る。
②いりこでだしを取り、白味噌で味を調えて最後に丸餅を入れて出来上がり。

餅をつくのはいつかというと12月半ばすぎ。ついた餅は丸餅にする。寒さが厳しくなる季節だから、食べる頃にはカチンコチンになった。

「家が貧しいから農家の餅つきのアルバイト、お手伝いに行ってお駄賃で餅をもらって帰ってくるんです。それを旧正月まで取っておく。そうすると硬くなってヒビが入り、カビもはえる。食べる時はそのカビをこそぐんです。それをおふくろがいりこのだし、徳島の白味噌で雑煮にしてくれる。具も少なくて質素なものですが、何よりのご馳走でしたね」

家では「肉はもっぱら野ウサギやカエルでした」というほどだから、鶏肉なども入っていない、本当にシンプルな雑煮で、それがご馳走だった。

思い出といえば、中日ドラゴンズに期待のルーキーとして入団した時のこと。初めてのキャンプ地で、朝食に卵に白いごはんが出て大感激。魚、肉も食べられるだけ食べることができる食生活は天国のようだった。自分で稼いで自分で食べることの大切さを身をもって経験したという板東さん。それだけに、少年時代の雑煮の味は忘れられないものだ。

（15年12月25日）

ドリアン助川さん

作家、パーソナリティ。

ちゃぶ台とアニメとともに思い出す鶏団子の澄まし汁

ラジオのパーソナリティーで、作家のドリアン助川さんは元ハンセン病患者を通じて「人としての尊い生き方」を問うた原作『あん』が映画化されて、世界中で話題になっている。スラリと背が高く、おおらかそのものの笑みを浮かべながら子供時代を語ってくれた。

母・ゆうさんはかつて東京・大塚で小さな料理屋を営んでいた。父親は仕事人間のサラリーマンで夕飯時には家にいないため、一人っ子のドリアンさんは親戚の家に預けられることも多かったという。料理屋が火事で焼失したのがキッカケで一家は関西に移り住み環境が一変する。

「小学生の頃は父親が働き通しでウチは貧しいと思っていた。しかも、引っ越した先は芦屋。格差社会の極みのようなところでした。メイドがおやつにケーキを運んでくるような家の子やロールスロイスで迎えが来る子がいる一方で、小さな土間のある家に住んでいる子やシャーペンが買えない子もいました」

　食生活もさまざまだった。

「遠足とか運動会になると気になるのが弁当。人に見られると恥ずかしいという気持ちがあるから貧しい家の子に限ってウナギが入っていたりする。そしてそれがうれしいから見せびらかすわけです。ところが、すべり台の上で『ウナギや！』と自慢した瞬間にウナギ弁当がすべり落ちて（笑い）。金持ちの子の弁当は普段通りだから見ているこっちが恥ずかしくなって。僕も普段は入っていないエビを煮たおかずとかを食べてなんとも居心地が悪かったのを覚えています」

　ある時、熱を出して学校を休んで寝ていると何が食べたいかをゆうさんに聞かれた。その時、浮かんだのはビフテキ。思い切って言ったら本当に高級な牛肉を買ってきてくれた。「でも、罪の意識を感じておいしいとは思えなかった」そうだ。

　台所に立つゆうさんはどこか近寄りがたい雰囲気があった。ぎっくり腰で立てない時でさえ這って台所に立ち、料理していた姿を思い出す。

そんなゆうさんの料理で一番なのは……。

ドリアン助川さん **鶏団子の澄まし汁**

作り方

①鶏ひき肉に塩、コショウ、片栗粉としょうがをまぶす。
②昆布からだしをとった汁に入れて煮る。彩りでほうれん草も。

「鶏肉の団子が7つ8つ入っている透明な澄まし汁ですね。酒を飲んだ時によく思い出します。昆布のいいだしが出ていてね。しょうがが効いているんです」

関西風で料亭でも出るような料理だが……。

「ニュアンスがちょっと違うんです。それほど上品ではなく、かといって雑でもない。構えた感じがしないという意味で、ちょうどいいおふくろの味なんです」

澄まし汁とセットで思い浮かぶのはちゃぶ台とテレビで放送していた「もーれつア太郎」や「巨人の星」。「それが僕にとっての昭和40年代の夕飯の風景です」

もっとも、81歳のゆうさん、今は一切、料理はしない。ドリアンさんにとっては記憶の中にある永遠のおふくろの味というわけだ。

（17年8月9日）

美樹克彦さん

歌手、作曲家。1948年生まれ。

心不全で亡くなる前「また明日ね」と笑った母が重なる粕汁

「かおるちゃん、おそくなって　ごめんね」の名曲「花はおそかった」を歌った美樹克彦さんは子役から歌手になり、今は作曲家として活躍中。生まれは京都・上京区の千本今出川。父・常昭さんの実家は京都に数店の洋服店を営む商家、母・喜与子さんの実家は「寿し寅」という名店だった。

「『寿し寅』はサバ寿司、今でいうバッテラやハモの押し寿司が有名で、山城新伍さん、都はるみさんも通っていた店です。私は光り物がダメで皮を取った白い部分だけでサバ寿司を作ってもらって食べていました」

美樹さんは映画の撮影所がある京都で5歳から子役を始めた。そんな京都での生活が一変したのは13歳の時。フジテレビの音楽番組に出るために上京し、老優、多々良純に会い、そこで五社英雄監督を紹介された。

「五社さんは当時、ドラマ『宮本武蔵』のディレクター、多々良さんは沢庵和尚役。その時、子役が決まっていなかったんでしょうね、五社さんはその場で武蔵の子役に私を起用することに決めちゃった。それで知り合いの家での東京の生活が始まり、3カ月後には両親と妹が上京して新宿・三栄町の小さな一軒家で暮らすようになりました」

同年、歌手デビューする忙しさだが、ヒット曲「花はおそかった」に恵まれるのに6年の年月が必要だった。

「男が泣いて歌う歌はない。おまえは子役をやって泣くことができるんだから、歌う時に泣けばいいとオヤジから言われ、最後、『ばかやろー!』と叫びながら泣いたら、これが当たったんです」

東京暮らしが長くなって当時、喜与子さんが京都の味として作ってくれたのが「粕汁」。「京都は酒蔵が多くていい酒粕が手に入った。東京に来てもこれだけは作ってくれた」が、46歳の若さで心不全で亡くなった。体重が60キロを超え、医者にダイエットするようにいわれ、コンニャクしか食べないような極端な食事を続け、心臓に負担がかかったのが原因だった。

美樹克彦さん **粕汁**

作り方

①材料は細く切った人参と薄く切った大根、こまかく切った油揚げ。
②それを酒粕、味噌で煮る。

「その時、僕はちょうどファンクラブとハワイ旅行に行くか、ヤマハの作曲コンクール（のちのポプコン）に出るか迷っていた。おふくろが『おまえはまだ賞を取ったことがないから、コンクールに行きなさい。ハワイにはいつでも行ける』と言うので出席したら、入賞することができた。その報告のために帰宅したら玄関先でおふくろが倒れて即、入院です」

喜与子さんが「また明日ね」と言って別れたその夜、倒れて2日後に亡くなったが、その笑顔と重なるのが体が芯から温まる粕汁だ。

「その味を7つ違いの妹がしっかり覚えて、おふくろがいなくなってからも作ってくれる。それがまったく同じ味で……」

そんなたった一人の妹の結婚式で「妹」の「あの味噌汁の〜」を「あの粕汁の〜」に替えて歌おうとした。ところが、歌おうとした瞬間に思いがこみあげ、涙で声が歌にならなかった。

（17年1月25日）

第二章
お汁の
おふくろメシ

大塚朝之さん

猿田彦珈琲株式会社代表。
1981年生まれ。

ヒントになった濃厚な鰹だしが効いた豆腐とワカメの味噌汁

　思春期に親に反発することは誰にでもあることだが、話題の大手飲料メーカーの缶コーヒーを監修、CM出演もしている猿田彦珈琲のオーナー、大塚朝之さんもその一人だった。「勉強しなさい」ときつく言う母・秀子さんに素直になれず、手料理も素直にうまいと言ったことはなかった。

　しかし、コーヒーに人生を懸けるようになって記憶の糸をたどると母親のある料理にヒントが隠されていたことに気づいた。

　調布・仙川の出身。高校時代は日活の撮影所が近いということもあって役者に憧れた。

「中3の卒業間際の3月に演劇コンクールがあり、脚本を書いて一番の悪役を演じました。その評判がよく、たまたま大手芸能プロの社長の息子が同級生にいたのでそこに入り、アクターズスクールにも通いました」

転機は25歳の時。母・秀子さんの警告が意外な形で現実となる。

「当時はまだ遊びたい盛りで、ひょんなことからトラブルに巻き込まれたんです。母には普段から『おまえは気を抜いているといつか必ず足をすくわれる』と言われていたので、このことかと。役者としてもっとやれるんじゃないかという時期にトラブルに巻き込まれ、〝運も含め実力が足りなさすぎるから役者はやめる〟と決めました」

いつも通っていたのが「スターバックスコーヒー」。お店が変わらず、その場所になくてはならない存在になっていたことに影響を受け、高井戸のコーヒー専門店でアルバイトをすることになり、再び人生に大きな希望を見いだした。

「コーヒーとは無縁の人生でしたが、突き詰めてみて学んだことは喜んでもらえるのはお客さまのことを考え抜いたコーヒーだと気づきました。そこで思い当たったのが母親の味噌汁です。豆腐とワカメのシンプルな味噌汁で、鰹だしが濃厚に効いているのがポイントでした。母

大塚朝之さん　豆腐とワカメの味噌汁

作り方

①具は豆腐とワカメ。鰹だしを濃厚に効かせるのがポイント。
②鰹節をふんだんに使い、合わせ味噌で調味。これぞ味噌汁というわかりやすい香りと風味に仕上げる。

はうまいもの、まずいものがはっきりしていて、みんながおいしいと感じるものは、わかりやすい味わいだと教えてくれた気がします。母は鰹節をふんだんに使い、合わせ味噌でこれぞ味噌汁というわかりやすい香りと風味に仕上げる。必ずおかわりをしたし、不思議と前向きな気持ちになれて……」

感銘を受けたのは自宅近くにあった「げんぺい」というラーメン店の札幌風味の味噌ラーメン。

「うまいし、感心したのは値段。380円でこんなにうまいものが食べられるのかと。値段以上の感動を与えることが大切だと実感しています」

秀子さんは仙川の元気な名物母ちゃん。その味噌汁が猿田彦珈琲の〝源泉〟とは意外であった。

（17年2月8日）

第二章
お汁のおふくろメシ

ヴェートーベン
久保 隆さん

イベント司会芸人。1979年生まれ。

広島の醤油味丸餅の雑煮と香川の白味噌仕立てあんこ餅の雑煮

作曲家はベートーヴェン、お笑いはヴェートーベン――。坊ちゃん風ツッコミの久保隆さん（写真手前）とすっとんきょうなボケの青井貴治さん、オスカープロに所属するお笑いコンビだ。どちらも広島出身で結成18年。

実家はカバン修理業を営んでいたが、父・重威さんは先月71歳で亡くなった。母・やす子さんは63歳。

「わが家は自宅が作業場で、父親の仕事が終わると夕食。早くて毎日5時と決まっていました。だから、寝る頃にはお腹が減って、夜10時ごろにもう1回食べる、1日4食の家でした」

小柄だが、中学時代は野球、高校時代は棒高跳びの選手。

「体操部と掛け持ち。棒高跳びは選手が極端に少なく全員が県大会に出場できた。僕は跳べなくていつも3回恥をかいて……。ハハハ、最高記録は3メートル20でした」

食べ盛りで、ちょっとのおかずでごはんを何杯もおかわりした。

「ただ、メニューは、カレーの次の日は刺し身の日とか、1週間のローテーションが決まっていたんですよ。それで楽しみだったのが、日曜に両親と妹の家族4人で外食すること。それも広島だけにお好み焼き。もっとも、小麦粉を薄くのばして具を挟む広島風じゃない、小麦粉と具を混ぜる関西風の『徳川』という店で、メニューは店名にちなんで『家康』『家斉』といった変わった名前だった。ただ、それがうまいの。僕にとっての食事は『徳川』のお好み焼きでした」

そして、今も思い出すと食べたくなるのが雑煮。鶏肉と紅白のかまぼこが入った醤油味、餅はストーブで焼いて焦げ目をつけた丸餅。あっさり風で地元の一般的な雑煮で結婚後に衝撃を受ける。それが香川出身の真沙美夫人の実家で食べる、あんこ餅入り、白味噌仕立ての雑煮である。

「四国で食べる独特の雑煮です。どんな味かと恐る恐る食べたら、

ヴェートーベン 久保 隆さん **醤油味丸餅の雑煮・白味噌仕立てあんこ餅の雑煮**

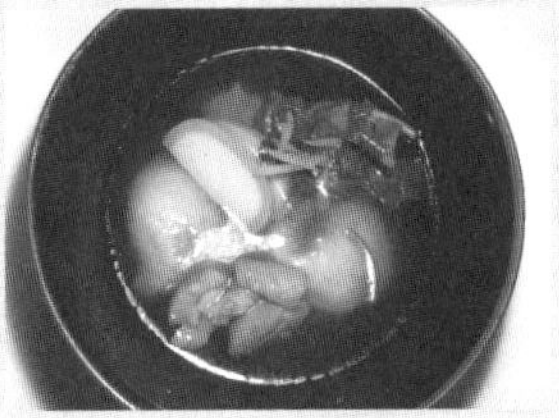

作り方

①材料は鶏肉、紅白のかまぼこ、丸餅。
②おつゆはほんだし、醤油で。出来上がりに三つ葉を入れ、最後にユズを散らす。

しょっぱさと甘さが絶妙な、奥深いうまさ。今では嫁のお母さんが作る雑煮の方が好きです。アハハ」

実家の味を思い出しながら、義理のお母さんに甘える。おふくろの味がひとつ増えた。

（16年3月25日）

第二章
お汁のおふくろメシ

狩野英孝さん

タレント。1982年生まれ。

実家は神社、一家6人が日曜昼に食べたはっと汁

「東京は怖いところだから、気をつけてよね」と言って、いつどんな時も息子を心配している。そんな時、狩野英孝さんの母・千代子さん（62＝写真右）は宮城県の郷土料理「はっと汁」を作ってもり立ててくれる——。

小麦粉を水で練ってお団子のようにつぶした生地を、熊とか星の形にしたりして小さい頃、よく母と3つ下の弟と3人で下ごしらえをしたのを覚えてます。宮城ではすいとん汁を「はっと汁」と言います。大名がこんなにうまいものを農民に食わせるのは「ご法度だ」と言ったのが由来らしいです。

実家が神社で、父は神主で公務員でもあったので、家族だんらんのような食卓は日曜日しかなく、祖父と祖母と家族6人、お昼にみんなで食べていました。正午になるとエプロン姿の母が「できたよー」って。はっと汁の団子は火の入れ具合が難しく、厚すぎても薄すぎてもダメで、箸で持ち上げては「これはお兄ちゃんだ」などと言って、盛り上がるんです。濃い口醬油の味に、多めのねぎがよく合い、団子の舌触りがすごく好きでした。

小さい頃、寝る時に読み聞かせてくれたのが野口英世の伝記でした。母は「この子は将来、学者になる」と思い込んでいた。友達が遊びに来た時も「ドリルをしなさい」と言うような教育ママ。まあ、元保母で、頭ごなしというわけではないのですけれども。

厳格な父は漫画を読めば「新聞にしろ」、テレビでお笑い番組を見ていると「大河ドラマにしろ」。高校生になった僕は父が帰ってくる車の音が聞こえただけで、部屋に引っ込んでしまうようになって。そんな時に母は「最近、お父さんに冷たすぎない？」と間に入ってくれた。内緒でゲーム機を買ってくれたこともあります。

18歳の春、芸能界で何かをしたくて上京した際、両親は猛反対。でも、新幹線のホームで見送ってくれました。父は震災後に亡くなり、今は母が一人で神社を守っています。僕は弟と神主になる資格を取ったし、二足のわらじで支えていきたい。

ただ、神社での行事で集まってくださるファンの方々はありがたく、うれしいけど、母がはっと汁や料理を振る舞い、「遠くから疲れたでしょう」と布団まで出すんです。「ちょっとやりすぎ」って言っているんですが……。

（16年4月29日）

狩野英孝さん　はっと汁

作り方

①小麦粉を水で練り、1時間ほど冷蔵庫で寝かせる。
②大根や人参の千切りにしめじ、椎茸、鶏肉を煮立たせ、いの一番かハイミー、醤油で味付け。
③火をつけたまま、鍋にすいとん団子をちぎって入れ、ねぎを入れて完成。

第二章
お汁の
おふくろメシ

山川 豊さん

歌手。

山のように採れた良質な海藻で作ってくれためひび汁

おふくろの味というのは不思議ですね。さじ加減というか、おふくろじゃなきゃ味が出ない、同じように作っても、何か違う。

三重県鳥羽市の、当時は陸の孤島だった海沿いの小さな港町で、海女をしていたおふくろは海に潜り、田んぼを耕し、自給自足で兄貴（鳥羽一郎）や僕を食べさせてくれました。メバルにカレイ、アジ、ベラ、カマスと、その日潜って捕ってきた魚を毎日、煮付けにしてくれた。味付けは甘めだったかな。濃くも、薄くもない。完全に火が通ったかどうかというところで止めて、たくさんの煮汁とともに皿に盛る。その煮汁を魚につけて食べるんです。まきで炊いた飯のおこげがあるとまたうれしくて、頬張ったね。

「人間、ごはんだけ食べてりゃ生きていける。お腹がすくから、悪いことする。冷や飯だろうが、食えばいいんだ」っておふくろは言っていた。

毎日が魚、魚で飽きるくらいだったけれど、思い返してみると恵まれていたことがわかる。「わかめ口」「ひじき口」と言って、みんなで海に入ると、山のように良質な海藻が採れた。めかぶなんて、そこらへんに捨ててましたから。そのめかぶを使って、おふくろが作ってくれた「めひび（めかぶ）汁」が大好物でした。

煮干しでだしを取って赤味噌と白味噌をミックスした味噌汁をちょっと濃いめに作る。それを冷ましながら、千切りにしためかぶをザルに入れて、熱湯を2回ほどかける。めかぶがきれいな緑色になったら、水気を切ってボウルでこね、混ぜるんです。白くネバネバに粘るくらいになったところで、味噌汁と合わせて、ズルズルッと。食べだしたらもう止まらない。ごはんなら何杯でもいけちゃうし、大人も酒を飲んだ後にも最高だって、かっ食らってましたよ。

早いものでおふくろが死んで6年、法要とか行事ごととか、表に出るのが嫌いだったくせに、テレビ局が来てカメラが回るとよくしゃべってファンの方を家に上げたりしてもてなしたりしてくれた。あの声も、遠くなるばかりだけど、めひび汁に関しては女房がおふくろ直伝の味を引き継いで作ることができる。22歳になる娘もしっかりとその味を覚えて完璧に作ります。

故郷にも大きな道路が通り、貧しいばかりだった当時とは違う顔を見せ始めている。時代は変わり、思い出は過去に流されていきますが、おふくろの味だけは不思議と忘れない。僕のなかで今も変わりなく息づいています。

（17年1月11日）

山川 豊さん **めひび汁**

作り方

①煮干しでだしを取って、赤味噌と白味噌をミックスしてちょっと濃いめの味噌汁を作る。
②それを冷ましながら、千切りにしためかぶをザルに入れて、熱湯を2回ほどかける。めかぶがきれいな緑色になったら、水気を切ってボウルでこねる。
③白くネバネバに粘るくらいになったところで、味噌汁と合わせる。

第二章
お汁の
おふくろメシ

釜本邦茂さん

日本サッカー協会元副会長。1944年生まれ。

天才ストライカーを育てた鶏がらのスープ

サッカー界のレジェンド、釜本邦茂さんは京都市の出身。5人きょうだいの4番目、三男として昭和19年に生まれた。

「明治42年生まれの父・正作は太秦の警察官で、志願して軍隊に入り、陸軍中尉まで行きました。母親が〝弁護士になるというから嫁いできたのに軍隊に行って暮らし向きがおかしくなった〟とよくこぼしていたね。昭和17年にはハルビン（中国）から復員して、神戸にある三菱の造船所に勤めて終戦を迎えました。父は威厳があって性格は温厚、口うるさい母親とは対照的でした」

母・よし子さんは明治45年の生まれ。釜本少年を叱ったのはもっぱらよし子さんで、「よその家の塀を飛び越えたり、ヤンチャして他人に迷惑をかけると庭の木に縄でくくりつけてお仕置きするような怖い人だった」。

戦後も父親は造船所勤め、自宅の裏に住んでいた祖父母と一家7人を支えた。

育ち盛りが多く、食べる量も半端じゃない。ごはんはかまどで羽釜で炊いた。まきは父、兄、釜本さんが裏山で調達、二宮金次郎みたいに担いで帰ってきた。

「父親は近くに畑を借りて、夏はエンドウ豆やトマト、キュウリを作っていて、ごはんによく入っていたのがエンドウ豆。〝また、これか〟というくらいエンドウ豆のごはんが出たね」

おかずは――。

「クジラの肉と青菜を炊いたものが一番多かった。3日に1回は食卓に出たからね。醤油味で軟らかく炊いたもので、おいしいとは思わなかったけど、あの独特の味は今でも忘れられないね。牛肉なんか食べられない時代で、肉といえば鶏か豚。魚はサバとかイワシを煮たものが、大皿いっぱいにドンと出た。焼くと1匹ずつ手がかかるけど、煮るのは一度にできるから。一家7人、丸いちゃぶ台を囲んで、食事はもうケンカみたいに奪い合いながらだったね」

釜本邦茂さん **鶏がらのスープ**

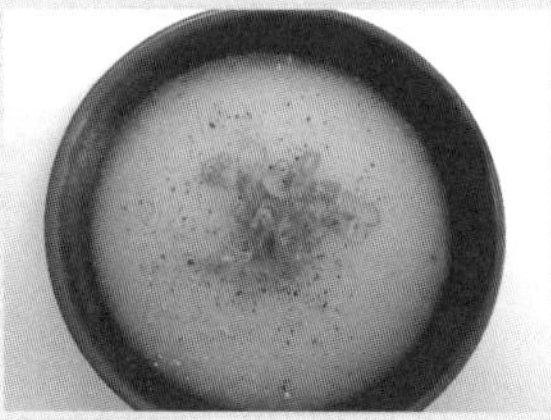

作り方

①鶏がらを潰して大鍋いっぱいに
3〜4時間、グツグツ煮出す。
②味付けは塩だけで完成。

そして中学時代、よく飲んだのが鶏がらのスープ。父親が神戸から帰宅すると、母親に頼んで作ってもらっていた。近所の鶏肉店で買った鶏がらを潰して大鍋いっぱいに3〜4時間、グツグツ煮出して味付けは塩だけ。それを父親と一緒にどんぶりいっぱい飲んだ。

「脂が浮いていて、見るからに濃厚なスープにねぎを散らして。夏は冷たく冷やしてゴクゴク飲んだなぁ。骨太の頑丈な体に育ったのはあのスープのおかげかな」

世界でも日本でも、その名をとどろかせた天才ストライカーの肉体を支えた両親は、ともに90歳を超える長寿を全うした。

（16年8月1日）

第二章
お汁のおふくろメシ

田口光久さん

元サッカー日本代表GK。1955年生まれ。

理髪店で働きながら作り置きしてくれただまこもち

秋田といえば、誰もが思い浮かべる食べ物はきりたんぽ鍋。ごはんをつぶして筒状にしたきりたんぽを使った醤油味の鍋だが、秋田県出身の田口光久さんが子供の頃から食べたのは「だまこもち」だった。

「きりたんぽは冬に食べるもので、普段はだまこもちでした。だまこはきりたんぽと同じく材料は米でササニシキとかだったのかな。棒でついてかたくり粉を入れて固めてダマにする。だからだまこで、鍋料理だけど僕の田舎では『だまこもち』と言っていた」

だしは鶏肉で、味は醤油ベース。田舎ならではの素朴な和風の汁で地元の折々の野菜が入る。

実家は秋田市に編入された隣の河辺町にあって父親は営林署勤務の公務員、母テツノさんは地域に一軒だけある田口理髪店を営んでいた。姉、

田口光久さん　だまこもち

作り方

①米はもち米ではなくうるち米。炊き上がったごはんをつき、かたくり粉を入れてダマにする。
②だしが出る鶏肉とセリは必須アイテム。他にゴボウ、舞茸、シラタキ、セリ、長ねぎなどを入れ、醤油で味を調える。

田口さん、妹の3人きょうだい。母親は朝7時から夜中まで店に出ていることが多くて、手が離せないこともあり、子供たちのために普段からだまこもちを作っておいてくれた。

小6でサッカーを始め、週末には6キロ離れたサッカークラブの監督の元に出かけて、練習に明け暮れた。

「僕は子供の頃から汁ものが大好き。好き嫌いも全然なかった。サッカーを始めてからはいつも腹ペコで、家に帰るとスジコ、タラコ、納豆をおかずにごはんとだまこもちをどんぶり2杯は食べた。ツユが残っている時はごはんにかけてかきこんだり、ツユにラーメンやうどんを入れて食べたり。とにかくよく食べたけど、それでも中学時代は身長170センチないくらいで、今と違ってスマートな子供でした（笑い）」

母親はチャキチャキした町の人気者で、父親は夕方5時になると仲間を呼んでは酒盛りするような明るい家庭だった。いつも朗らかなテツノさんの口癖は「悪いことはするな」。子供らを社会に送り出してからも店に立ち続け、平成7年に66歳で亡くなった。

（15年11月6日）

第二章
お汁の
おふくろメシ

ビリー・バンバン
菅原 孝さん

ミュージシャン。1944年生まれ。

妻が味を受け継ぐ具だくさんの仙台の雑煮

「ビリー・バンバン」の兄・菅原孝さんは3年前の14年に母・キヨ子さんの介護のため出かけた実家で突然、脳出血で倒れた。運よく弟・進さんの携帯電話につながり、救急車で運ばれて一命をとりとめたが、今も左半身に麻痺が残り、リハビリを続けながらコンサート活動を続けている。

移動は車椅子。それでも全国30カ所のコンサート中で、その並々ならぬ体力と精神力には脱帽するしかない。

「ビリー・バンバンが今あるのは浜口庫之助先生に教わるきっかけを作ってくれ父と、ずっと世界一のファンでいてくれた母のおかげです。親父は小学校を卒業して都庁の職員として出世し、僕らを支えてくれた。おふくろはテレビやラジオに出るのがわかると、朝からウキウキして『今日もよかったよ』といつも喜んでくれました」

キヨ子さんは女学生時代に、合唱コンクールで入賞したこともあるほどで、歌が大好き。

「子供の頃はよく台所で『お山の杉の子』や『とおりゃんせ』、『かわいいかくれんぼ』をキレイな声で歌っていた。僕らの声は母親の系統の遺伝かもしれない。おふくろの声は澄んだ声、その弟が堂々としたいい声の人で、おふくろの声を男にするとそういう声になったような気がします。それが財産になって昭和の時代に『白いブランコ』と『さよならをするために』がヒット、平成に入ってから『また君に恋してる』『さよなら涙』がヒットした。今こうして病気を乗り越え、全国を回って歌うことができるのは本当に幸せなことだと思います」

キヨ子さんが大往生したのが16年3月。96歳だった。「亡くなった時は70代といっていいほどまだ若々しかった」。オシャレで料理も上手。戦後すぐの時期は工夫してずんだが入ったすいとんなどを作ったが、スパゲッティやハンバーグも覚えて出してくれた。

「普通はデパートとか外で初めて食べる味を家で作ったんですね。料理の本を読んでいる姿を見たこともないけど、どこかで覚えたのかな。

ビリー・バンバン 菅原 孝さん 仙台の雑煮

作り方

①材料は鶏肉かぶり、短冊に切った油揚げ、厚揚げ、ささがきのごぼう、人参と大根は千切り、糸コンニャク、焼いたはぜ。

②味付けは醤油。四角い切り餅を焼いて2、3個入れる。

きょうだいでいえば、僕は日本的なすいとんみたいなものが好きでしたが、進はパンとかスパゲッティ、ハンバーグでしたね」

両親の出身は宮城・仙台。正月はおしるこ、ずんだもち、納豆もち、のりもちなどが出たが、一番のごちそうは醤油味で具だくさんの雑煮。

「仙台の雑煮はいろんなものが入っている。鶏肉か脂っぽいぶりが味のベースで、油揚げ、厚揚げ、人参、大根、ごぼう、糸コンニャク、さらに焼いたはぜも入っていた。妻は東京の人で最初におふくろが作った雑煮を見てビックリ。東京は鶏肉にかまぼこ、三つ葉が入っているくらいの薄い色のお澄まし風だから。妻の実家で雑煮を食べたことがあるけど〝なんか味気ないな〟と思ったものです。当時は正月になると東京の我が家に親戚が何十人も集まって、賑やかに食べましたね」

「うれしいのは妻がおふくろの味を受け継いでくれたことだね。正月が近くなると早く食べたくなるし、どのくらいおふくろの味に近くなっているか、今度の正月が楽しみです」

もうすぐだ。

（17年11月29日）

石川敏男さん

芸能リポーター。1946年生まれ。

オモチャ工場が倒産 一家6人のお腹を満たした すいとん

ベテランの芸能リポーターとして今も活躍する石川敏男さんは46年生まれ、東京・向島の出身だ。父・惣助さんはオモチャの町工場を経営。従業員も80人ほど抱え、人気ドラマ「下町ロケット」のような会社だった。

生活が一変したのは小学4年の時。工場が倒産してしまった。

「一時は母親の実家のある埼玉にきょうだいと預けられ、それから金町の6畳一間に両親ときょうだい4人の一家6人で住んだりした。でも、親父が再びオモチャの会社を起こし、また元の生活に戻りましたが……。そんな中で一番記憶に残っている食べ物がすいとん。戦後で食べ物はないし、工場は倒産。子供たちにお腹いっぱい食わせることができるということでしょう。ただ、おふくろは料理好きですいとんも工夫していた。

うどん粉の中に合いびきのひき肉を練り込んでいた。単に入れるんじゃなくて。それがうまかったね」

食卓には魚肉ソーセージのフライも並んだ。それには当時はまだそれほど出回っていなかったブルドックソースをかけて食べた。

「これも我が家のごちそうでした」

また、お腹がすいた時はパンの耳を油で揚げて砂糖をかけたオヤツを作り置きしてくれたという。

77年、78年と父、母・貞子さんが相次いで他界。貞子さんは64歳だった。

「きょうだいは姉、僕、弟、妹です。ただ、姉とは9歳離れていて男の子の僕が生まれた時は本当にうれしかったみたいで溺愛された。僕には格別に優しい人で、20代に女性のことで泣かせた時も、相手をうまくあしらってくれた。そんなおふくろのすいとんを懐かしく思い出します」

石川さんの芸能リポーターの原点を見る思いがする。最後に最近のイチ押しニュースは何か。

「僕のFMの番組に冠二郎さんの大ファンという人が来たのがキッカ

石川敏男さん すいとん

作り方

①材料は人参、白菜、コンニャク、ねぎ、油揚げ、合いびきのひき肉。
②すいとんには合いびきを練り込み、煮干しのだし、醤油、みりんで味付けして煮込む。

ケで冠さんの5歳若く言っていた年齢サバ読みが発覚したことと、その流れでカツラ疑惑を面白がられて、みんなに髪を引っ張らせたことも話題になった。冠さんはその影響で仕事が何倍も増えたと喜んでくれています」

（15年12月18日）

第三章

お肉のおふくろメシ

少し背伸びの豪華な一皿も
乱雑に盛り付けた大皿も
どちらも大切な思い出の味。
思い出のお肉料理はどんな味?

第三章
お肉のおふくろメシ

鏡 五郎さん

歌手。

田舎から送られてくる野菜でこしらえた肉ジャガ

ベテラン演歌歌手の鏡五郎さんは敗戦1年前の44年、大阪・豊中の生まれ。父親は生後1週間で出征し、フィリピンのルソン島で戦死。8つ違いの兄と鏡さんは、花屋を営む母・キクエさんの女手ひとつで育てられた。

「おふくろはテレビで春日八郎さんを見ると『父親は似ていた』とよく言っていましたね。父親も祖父も盆踊りの季節になると音頭取りをやったり踊ったり、賑やかなことが大好きで、それは僕も受け継いだみたいで学芸会では主役を張ることが多かった。ただ、この世界に入ったのは東映の殺陣師だった兄（三好郁夫）の影響です。高校時代に時代劇で美空ひばりさんや杉良太郎さん、松平健さんに教えていたので見に行って、芸能の世界に憧れました。歌も好きでしたね。その頃、難波で行われていたコンクールに出て『兄弟仁義』を歌って、1800人の中から優勝。それに目をつけたのが音楽プロデューサーの酒井政利さんです。以来、歌手への道を歩き始め、今年で50年になります」

しかし、もともとは花屋を継ぎたかったという。そのために大阪府立園芸高校に進学し、野球部で汗をかきながら、店の手伝いもしていた。

「1階が店、2階が住居で、母親はいつも忙しくしていて、店に花を飾るのは僕の役割でした。ごはんを作るのは母親の手が空いた時で、それでも手抜きなし。父親がいないことをふびんに思い、つらい思いをさせたくなかったから、一生懸命作ってくれた。だから、何を食べてもおいしかった」

花屋ゆえか、当時の関西では珍しかったと思われる大きな白菊や黄色い菊を食べた。最近では菊の花の酢の物「もってのほか」は有名だが、今となってはそれだったかはわからないようだ。

「母親は新潟の出身。田舎からよく野菜が送られてきました。よく食卓に出たのが煮物です。今も思い出すのは肉ジャガですね。牛肉に、ジャガイモはまるごと、人参と玉ねぎは大きく切って。インゲンも入ってい

鏡 五郎さん **肉ジャガ**

作り方

①材料は牛肉、ジャガイモまるごと大きく切った人参、玉ねぎ。インゲンも。
②醤油や砂糖で、甘い濃い味付けに。

たね。大阪は薄味というけど、醤油や砂糖で、甘い濃い味付けにしていました」

50年の歌手人生、今も毎日が旅の連続、1年に200日は各地を回っている。計算すると1万日、日本中を回っていることになる。

「津々浦々で、それこそいろんな食べ物に出合った。魚で好きなのはイカとタコ。イカは函館や唐津がいいね。北海道はなんでもうまいけど釧路のつぶ貝も忘れられない味です。そして全国を食べ歩いてメニューに見つけると、つい頼むのが肉ジャガ。うまい店だと何日も通ったりします」

キクエさんは6年前に93歳で亡くなったが、鏡さんは〝昭和の味〟を今も噛みしめる。

（16年9月5日）

第三章
お肉のおふくろメシ

氷川きよしさん

歌手。

月に1度作ってくれるのが待ち遠しかったミートスパゲティ

若手のホープといわれた氷川きよしさんは9月で四十路を迎えるが、演歌界を支えるスターにとって、今も変わらないのは家族との交流だ。暮れは紅白歌合戦に出場。正月には東京で家族との時間を過ごすが、必ず用意されているのが故郷・福岡の代表的料理、がめ煮である。

「博多のおふくろの味というと、がめ煮です。ウチで食べるのはお正月だけですが、無性に食べたくなる時があります。正月には母ががめ煮を作ってタッパーに入れて持ってきてくれるのですが、それをお屠蘇をごくごく飲みながら食べる。入っているのは鶏肉の他、レンコン、サトイモ、人参、コンニャクなどいたって普通ですが、よそのよりも材料が小さく切っているのが母のがめ煮の特徴。それがこだわりみたいです」

郷土の食べ物では明太子も大好物。博多にはたくさん明太子屋さんがあるが、よく食べるお店は「かねふく」。「ツブがパーンと張っていていてフレッシュ、味付けのだしも効いていていておいしいんです」。そのまま食べるだけでなく、母親が氷川さん用に作ってくれる明太子料理がある。椎茸の傘の部分に明太子の粒とマヨネーズを合わせてトースターで焼いたものだ。ちなみに地元では「氷川さんの母親がかねふくのお店に直接、電話で注文してくる」というので有名だそうだ。

一人っ子で、父親は運転手、母親も勤めに出ていた。母親は一般的な芸能人の親とは正反対で喜々として人前に出るタイプではない。そのため、氷川さんが歌手になると言いだした時はビックリしていたという。そんな母親の背中を思い出す食べ物はスパゲティミートソース。

「母は体が弱い方で共働きということもあって毎日、手の込んだごはんを作る感じではなかった。ほか弁とかコンビニ弁当の時もあったけど、たまに作ってくれたのが〝ミートスパゲティ〟。初めて食べたのは小学校の3年の時。パスタのプリッとした感じ、合いびきと玉ねぎを炒めた食感がたまらなくて。こんなにおいしい食べ物が世の中にあるのかと思いました。作っている姿は今も思い出します。台所は玄関の下駄箱の裏

氷川きよしさん　ミートスパゲティ

作り方

①材料は合いびきのひき肉と玉ねぎ、人参、市販のパスタとミートソースパウダー。
②材料をすべて炒めてミートソースのパウダーを加える。ミートソースはパスタの真ん中に盛り付ける。

にありました。境目に模様付きの大きなガラスがあって、ボクは下駄箱の上に乗って、ガラス越しにフライパンを握っている後ろ姿を見ていた。ミートソースの顆粒状のルーを入れてジュッと音がする瞬間がたまらなく好きで。ただ、作ってくれるのは月に1回くらい。その日が来るのが楽しみでした」

もっとも、当時嫌いだった食べ物もある。玄界灘で取れた太刀魚の煮つけだ。骨が多く子供には難儀な食べ物だった。ただし、お酒を飲むようになってからはむしろ好物になったという。

市内の高宮中学、福岡第一商高を卒業したが、高宮中は芸能人を何人も輩出していることで知られる。タモリ、高橋真梨子、森口博子、博多華丸・大吉の華丸らで5人がタモリ邸に集まって「高宮中学校の会」が開かれる。

「博多出身のタモリさんの奥さんが料理を作ってくれるんですが、生ハムメロンには感激しましたね。僕にとっては故郷の話をするのが心の栄養です。福岡に生まれてよかったと思います」

（17年4月19日）

第三章
お肉の
おふくろメシ

山瀬功治さん

Jリーガー（元サッカー日本代表）。
1981年生まれ。

野菜嫌いのJリーガーが好んだリンゴ、チョコ入りカレー

サッカー元日本代表の山瀬功治さんは札幌の出身。デビューはコンサドーレ札幌で、その後、浦和レッズ、横浜F・マリノス、川崎フロンターレを経て京都サンガF．C．に所属するMFだ。昨年暮れにはよしもとクリエイティブ・エージェンシーとマネジメント契約し、今後はタレントとして活動の幅を広げていく（※17年にアビスパ福岡に移籍）。

父・功さんは84年サラエボ五輪のバイアスロンに出場、弟の幸宏さんは横浜F時代は〝山瀬ブラザーズ〟として活躍したJリーガー。山瀬家は典型的なアスリート一家だ。

「大学時代にサッカーをやっていた父は卒業後に自衛官となり、札幌の自衛隊にいた母と〝職場結婚〟。その後、母は仕事をやめ、一家で官舎に住んでいました。子供の頃は冬になると父が海外遠征で3〜4カ月いなくなるので、母が父親代わりでした」

山瀬少年は母・恭子さんを悩ませた。極度の野菜嫌いだったためだ。

「野菜は全部ダメ。学校の給食で出ると、鼻をつまんでイヤイヤ食べました。北海道は魚がおいしいので、野菜の代わりは焼き魚でした」

しかし、大きく育つには野菜が不可欠。そこで恭子さんが考えたのがカレーライス。カレー味の食べ物なら野菜も気にならなかったそうだ。ただし、野菜嫌いは半端ではないから、工夫してくれた。リンゴをすって、さらにチョコレートも入れてくれて食べやすい味に。さらにキャベツを入れ、ソースで味付けするのが山瀬流。

「母親が作っている姿を、こんなものを入れてくれているんだ、とぼんやり見ていた記憶がある。よく食べましたね。食べ盛りだから軽く2、3杯。残ってドロッとなったカレーは、ゆでたうどんにかけて食べたりもした。選手になって札幌で一人暮らしをしている頃は、よく自分でも作っていました」

中学時代に2年半ブラジルにサッカー留学、異国の食べ物も経験し肉体がつくられた。

「ただ、今も食べられないのがキュウリ。子供の頃、丸かじりして口から吹き飛ばしてしまったこともある。あの青臭さだけは受け付けない」

そんな山瀬さんは、よしもとで「新たな可能性」へのチャレンジをスタートさせた。

（16年1月8日）

山瀬功治さん　リンゴ、チョコ入りカレー

作り方

①材料は人参、玉ねぎ、キャベツ、豚肉。

②カレールーを入れて煮込み、すったリンゴ、板チョコを入れる。隠し味はソース。

第三章
お肉のおふくろメシ

黒石高大さん

俳優。1986年生まれ。

格闘家を目指したヤンチャな息子に作った鶏肉のソテーチーズのせ

前田日明プロデュースの〝不良〟のための総合格闘技大会「THE OUTSIDER」で活躍し昨年12月に引退。175センチ、66キロと大柄ではないが、スリーサイズは103・80・92とさすがにガッシリしている。

「格闘家になる前は体重が60キロしかありませんでした。で、〝試合に出るには70キロには増量しろ〟と言われてとにかく食べないといけなくて。オカンは料理上手だけど、そのために食べるのがイヤでイヤで仕方がなかった」

朝昼晩に米2合、卵を毎日1パック食べるようにと前田に指導された。

「ごはんがすすむように味の濃いおかずを考えてくれたけど、それでもなかなか食事が喉を通らない。そんな時スッと食べられたのが鶏肉のソテーチーズのせ。鶏肉もチーズも好きだし、アッサリしているのも良かった」

母・正美さん（50）は料理好きで、子供の頃からピーマンの肉詰めやイワシの梅煮、鶏肉のトマト煮などを作り、デザートも手作りしてくれたほど。格闘家デビューすることが決まると、張り切って工夫してくれた。

「ただ、子供の頃は寂しい思いもたくさんしました。3、4歳の頃オヤジと別居、小学校1年の頃離婚。年子の妹と3人で実家へ戻って、じいちゃん、ばあちゃんの世話になったり叔母ちゃん家族の世話になったり。オカンと一緒に寝られないし、働いていて学校から帰ってもいないし」

小学生の頃から授業を抜け出し、街へ遊びに出て、連絡を受けた正美さんが捜して学校へ連れ戻し……といった日々。ヤンチャぶりはエスカレートし、年齢が上がるとともにたばこ、酒、バイクにケンカと派手にやらかしたが、正美さんは息子と体を張って向き合った。

「弱い者イジメが大嫌いで人に迷惑をかけたらダメというのが口癖、子育てはマジメでした。ある時ケンカになってオカンを突き飛ばしたら

黒石高大さん **鶏肉のソテーチーズのせ**

作り方

①鶏もも肉に塩·こしょうして、皮の面から焼く。
②鶏肉から脂が出てくるので、キッチンペーパーで拭く。
③7割ほど火が通ったら、裏返してチーズをのせる。
④鶏肉にほぼ火が通ったら蓋をして、チーズが溶けたら出来上がり。

台所から包丁を持ち出してきて。危ねぇって思って後ろから羽交い締めにしたら、振り上げたオカンの手がオレの顎にあたって顎が切れて、血がダラダラ……」

壮絶な母子の格闘があったようだ。

「実家を出てからはオカンの料理を思い出して作ってみるけど、どっか違うんですよね」

（16年4月22日）

第三章
お肉のおふくろメシ

野村明弘さん

サッカー実況。1975年生まれ。

夏は手羽中の唐揚げ 冬はカキフライ付きのビーフシチュー

スカパー！で欧州サッカーの実況を担当する野村明弘さんの生家は青梅市と奥多摩町の境、秩父多摩甲斐国立公園の中にある。

「いわゆる東京都下。東京だから、都会を思い浮かべる人もいるかもしれませんが、電車は無人駅で1時間に1本か2本しか走っていない田舎の町です。学校は、小中は地元の公立を卒業し、高校は吉祥寺の法政一高です。高校までは自宅から毎日2時間かけて通学しました。遅刻しても先生に『おまえは遠いからしょうがない』と言われ、高校の夏休みに友人が泊まりに来た時にも、『ここが本当に東京なのか』と言われたほどです」

当時の田舎の食卓といえば、地元の食材を使った煮物などが中心だった。しかし、昭島市の会社に勤める野村さんの父・隆さん（80）に嫁いできた母・裕恵さん（72）は、戦後という時代もあって、洋風なものを好んだという。

「母は昭和18年の生まれです。戦後入ってきた洋食で育ち、我が子にも食べさせたいと思ったのでしょう。鶏の唐揚げ、ハンバーグ、コロッケ、豚肉のトマト煮、ビーフシチュー、カキフライなどを食べさせてくれました。その中でも、僕が大好きだったのはビーフシチューでした。これに夏は必ず手羽中の唐揚げ付き、それが冬はカキフライに……。我が家の決まりは、食事の最初にカニ缶やリンゴ、キュウリ、レタス、トマトなどが入ったサラダがドッサリ出てくること。僕と弟が『ごはん、ごはん』とお腹をすかせているうちに、まず野菜を食べさせようという工夫でした。シチューや唐揚げはその後に出てきました。母はバランスよく食べてもらおうと考えていたようです」

ビーフシチューはとろみのないさらりとしたスープ風。材料は牛肉、人参、ジャガイモ、玉ねぎとシンプルながら、肉も野菜も口の中でとろけるような軟らかさ。

野村明弘さん　手羽中の唐揚げ・カキフライ付きのビーフシチュー

作り方

①ビーフシチューの材料は牛肉、人参、ジャガイモ、玉ねぎ。
②ビーフシチューはとろみのないさらりとしたスープ風に仕上げる。写真奥は手羽中の唐揚げ。

野村さんがたまに実家に帰った時には、何を食べたいか聞かれるといつもビーフシチューと手羽中の唐揚げをリクエストするほど。それくらいお気に入りのおふくろの味だ。

「神奈川県内の我が家は実家から片道2時間。この前は母が孫にビーフシチューを食べさせたいといって鍋ごと、わざわざ持ってきてくれました。もちろん、息子も喜んで食べ、おかわりしていましたよ」

（16年5月27日）

第三章
お肉のおふくろメシ

志村朋春さん

俳優。1984年生まれ。

反抗期の複雑な思いが詰まったハヤシライス

大学時代に舞台芸術を学び、卒業後は舞台を中心に活動、ドラマ、映画の「64」には警官役で出演中の志村朋春さんは大阪・摂津市の出身。父は旅行会社勤務、母は小学校の先生、兄一人という家庭環境で育ち、いわゆる〝鍵っ子〟だった。

「兄とは3歳離れていて学校から帰ると塾に出かけてしまい、首から鍵をぶら下げて学校から帰ってくると僕は一人ぼっち。寂しくなると近所の祖母の家に行ったり、友人の家に遊びに出かけたりしました」

子供時代、多くはお腹をすかして帰宅し、親に食べ物をねだったりするわけだが……。

「中学時代はバスケ部で帰宅途中、みんなでお金を出し合ってコロッケやお好み焼きを買って食べることもありました。ただ、一番よく食べたのは帰宅して食べた母のハヤシライス。冷蔵庫に作り置きしてくれたのをいつも自分で鍋で温めて黙々と食べました。なぜかあのハヤシライスの味が異様なほど好きで……」

このハヤシライス、複雑な味でもあった。今も現役教師の母・真理さん（67）への〝反発〟もあったからだ。

「中学に上がると母の教え子の生徒が同級生になって、〝あれが志村先生の息子だ〟とわざわざ教室に見に来て。親が先生だから優等生じゃなきゃいけないという勝手な思い込みもあったけど〝どうせ勉強を教えてもらっているんでしょ〟と言われて、嫌で嫌で仕方がなかった。それで成績も一気に落ちて、先生に呼び出されたこともありました。でも、家に帰るとハヤシライスがうまい。母の顔を思い出しながら食べました」

普段の志村さんは高級なものが苦手。寿司なら好きなのは納豆巻き、軍艦の卵、学生時代は焼き鳥屋でずっとアルバイトをしていて塩のハツが一番の好物だ。

「子供の頃から母によく、〝アンタは安上がりだ〟と言われました。僕は食べ慣れたものじゃないと落ち着かない、高級なソースとか言われると緊張しちゃって。たまに大阪に帰った時に、〝何か作ろうか〟と母に

志村朋春さん　ハヤシライス

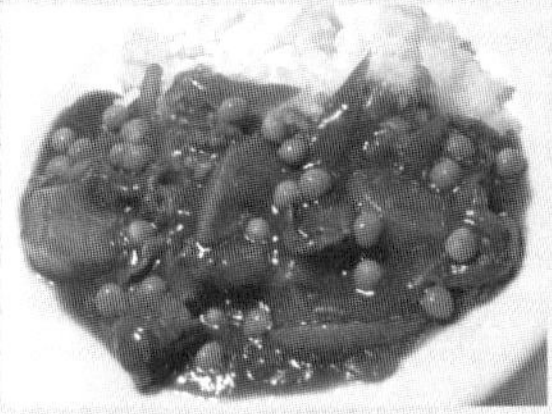

作り方

①材料は牛のバラ肉、人参、玉ねぎ、グリーンピース。
②ハッシュドビーフかデミグラスソースで煮込む。グリーンピースは多め。

言われると必ず〝ハヤシライス〟とこたえるので、〝本当にこんなものでいいの〟と言われます」

少年時代の思い出がギュッと詰まった忘れられない味なのだろう。

（16年7月18日）

第三章
お肉のおふくろメシ

福本ヒデさん

ザ・ニュースペーパー。1971年生まれ。

超偏食児が「肉だんご」と呼んで好んだハンバーグ

社会風刺コント集団「ザ・ニュースペーパー」の中心的存在として安倍総理を演じている福本ヒデさんは、広島・神石高原町の出身。

「実家は福山市から50キロの中国山地の山中。曽祖父母、祖父母、父母に兄と弟の9人の4世代の大家族でした。こう言うと、山育ちで、ワラビや竹の子を食べていたと思われるかもしれませんが、子供の頃は大の偏食。特に野菜はカボチャ、ジャガイモ、サツマイモくらいしか食べることができなかった。一番困ったのが給食。食べないから先生に怒られ、昼休みは遊ばせてもらえず、5、6時間目にも給食を目の前の机に置いたままがしょっちゅう」

母・喜久美さんは神戸生まれのお嬢さま育ちで、高校、中学の英語の先生。小柄だが、凛とした人で、そんな我が子と家族にごはんを作った。

「都会から嫁いできた母は洋風の食べ物なら息子も食べてくれると思ったんでしょうね。肉だんごと呼んでいた、手作りのハンバーグをよく食べました。底が焦げた鉄鍋のフライパンで焼くのですが、最後にトマトケチャップとソースを絡めるのがお母さん流。その煮詰まった味と香ばしい匂いを今でも思い出します。当時は〝給食が全食、肉だんごだったらいいのに〟と思っていた」

ひき肉を使った料理ではミートソースも。冬場によく作ってくれた、バターをのせたスイートポテトの絶妙なまろやかさも忘れられない味だ。

超偏食は九州の大学を卒業後、東京に出てニュースペーパーに入り、風呂なしアパートの貧乏暮らしをしているうちに解消。「当初は3カ月給料なしが当たり前で、好き嫌いを言ってられなくなった」ためだ。

喜久美さんは15年前に一度、脳出血で倒れ、回復して定年後も元気に働いていた。しかし、その2年後、再び脳出血に見舞われた。「親父が言うには、その日は〝最高に気分がいい〟と言って台所に立っていたのに、急に横になると言い出したそうです」。隣町の病院に運ばれ、さらに1時間半離れた大きな病院に搬送されたが、意識が戻らないまま、61

歳で帰らぬ人になった。

「いつも身ぎれいにしていて子供の時から自慢の母でした。僕のことも親父は猛反対したのに、母は〝終身雇用の時代じゃないから好きなことをやれ〟と応援してくれた、賢くて常識のある人でした。せめて『安倍総理』や、その前の『石破大臣』を見せてあげたかったです」

（16年9月26日）

福本ヒデさん　ハンバーグ

作り方

①合いびき、細かく刻んだ玉ねぎ、パン粉をまぜる。

②楕円形にまとめ、油を敷いたフライパンで焦げ目がつくまで焼く。

③ケチャップとトマトソースを絡めて出来上がり。

第三章
お肉のおふくろメシ

雷神矢口さん

プロレスラー。

2種類のルーが半々〝育ての親〟特製のカレーライス

ＦＭＷを中心に活躍する雷神矢口（矢口壹琅）さんは大仁田厚との電流爆破デスマッチの過激な試合で知られるプロレスラー。激闘の数々はファンの間ではもはや語り草だ。浅草出身。ジャイアント馬場、アントニオ猪木がデビューした伝説の台東区体育館のすぐそばで育った、プロレスの申し子でもある。

「実母が3歳の時に亡くなり、僕は浅草に住んでいた伯父の元で育ちました。だから僕にとってのおふくろは育ての親の伯母さん。母が早くに亡くなったというと暗い印象があるけど、伯父さんは浅草で靴問屋をやっていた事業家で、伯母さんもとても気のいい人でね。いとこの〝お姉さん〟2人と一緒に我が子のように接してくれました。本当に恵まれた環境で、子供時代は月1回は帝国ホテルに連れていかれて、リッチな食事をしていました」

浅草は食の街。うまい洋食屋も多く、オムライスなど、今も思い出す味には事欠かない。そんな中で忘れられないのが育ての親・久栄さん特製のカレーライス。

「今もリフレッシュしたくなる時は浅草に来て、今戸神社と聖天様に出かけるんです。僕にとってのパワースポットのような場所で、そこに行くと郷愁にかられ、おふくろが作ってくれたカレーの味を思い出す。無性に食べたくなりますね。S&Bゴールデンカレーの甘口と、ハウスジャワカレーの辛口を半分ずつ入れるのが特徴で、凝った作りではないけど、姉が作っても自分で作っても、絶対におふくろと同じ味にはならない。何かが足りないんです。そういえば日本酒を少し入れると言っていたかな」

久栄さんは5年前に他界したが、親孝行したのはミュージシャンでもある矢口さんが米国留学していた時代。久栄さんを呼んで、サンフランシスコからネバダへ、ハイウエーでキャデラックを走らせた。途中、砂漠の中のダイナーで食事したら、喜んでハンバーガーやサラダを食べたという。

雷神矢口さん“育ての親”特製のカレーライス

作り方

①玉ねぎを切って、あめ色になるまで炒め、角切り牛肉、人参、ジャガイモを加えて煮る。
②S&Bゴールデンカレーの甘口、ジャワカレーの辛口を半々。醤油少々、隠し味に日本酒少々。
③付け合わせは大きならっきょう。

「食べることと旅行が何より好きでした。浅草でも食べ慣れているのに、広大な米国の自然を背景に食べたハンバーガーが本当においしそうでした。その姿を見て僕もうれしくなって。親孝行ができて本当によかったと思った瞬間でした」

（16年9月19日）

第三章
お肉のおふくろメシ

一雫ライオンさん

脚本家、作家。1973年生まれ。

酸味がほどよく3回おかわりした ビーフストロガノフ

役者だった一雫ライオンさんが脚本家に転向したのは35歳の時。

「役者になりたくて10代から始めたけど、ずっと作品の一部をやらされているという感覚がしていたんです。それがある時、〝役者より登場人物に自分を投影できる脚本家の方が快感がある〟とわかった。08年に演劇ユニット『東京深夜舞台』を結成し、脚本家を志しました」

09年のドラマ「おちゃべり」（TBS系）を皮切りに、14年の「トクボウ」（日本テレビ系）などの作品を担当。役者時代は年間80万円程度の収入しかなかったが、食えるようになったと笑う。4年前に結婚して3歳になる娘も生まれ、「脚本家になってよかった」と実感する毎日。

しかし、その間支えてくれた人たちがいた。「諸先輩に可愛がってもらい、『メシ食いに行くぞ』と言われて後をついて行きました」。

そして何も言わずに一雫さんを見守り、ごはんを作ってくれた阿佐ケ

一雫ライオンさん　ビーフストロガノフ

作り方

①牛肉を細く薄切りにして塩、こしょう、小麦粉をまぶす。
②玉ねぎとマッシュルームを薄切りにし、①とサラダ油で炒める。
③なじんできたらトマトピューレと料理酒を加える。煮詰まったら塩、こしょうで調味。
④ごはんはバターライス。ビーフストロガノフをかけ、刻んだパセリ、生クリームをかけて出来上がり。

谷の実家に住む母・和子さんの存在も大きい。

「地黒で欧陽菲菲似の肝っ玉母さんです。その母が『カレーなら簡単でいいのに』と言いながら作ってくれたのがビーフストロガノフでした。料理が大好きだから、どこかで食べておいしいと思って見よう見まねで作ってくれた。トマトピューレの酸味がほどよく、バターライスで食べるのですが、これが出てくると3回くらいおかわりしました」

泣きながら作ってくれたこともある。一雫さんは素行が悪く、高2で退学。その後、明大中野の定時制に進むが、やめた時に「退学しても人生から逃がさないわよ……」と。

「明大中野の同級生を家に連れてきたら夜食を作ってくれて。定時制の仲間は前歯がないヤツとか肩まで髪を伸ばしている悪友で、『カレー？』と言いながら『ウメエ、ウメエ』って。それがみんな会社を経営したり一人前の大人になって。僕がいない時におふくろを訪ねて『メシ食わして』なんてわがままを言っているみたい。ビーフストロガノフでつながった一生の友人たちです」

ちょっといい話！

（16年2月19日）

第三章
お肉のおふくろメシ

氏神一番さん

ミュージシャン。

活力の原点は具がゴロゴロ入っている素朴なカレーライス

17年4月放送された「爆報！THEフライデー」（TBS系）で、もつ鍋店とレストランバーの経営に失敗して、2000万円近いお金を失ったことを告白した氏神一番さん。かつて「平成名物TV 三宅裕司のいかすバンド天国」（同）でブレークして、寝る間もないほど忙しかったカブキロックスで稼いだお金は散逸したわけだが、ご本人は今も変わらず、このメークでバンド活動を続けている。

鹿児島生まれで、京都出身。亡くなった父は宮大工で、今も健在の母・あり子さん（82）は大島紬の奄美大島出身で、京都の地元では日本舞踊の名取としても知られる。

「おふくろは食堂で働きながら、奄美のきょうだいに学費を送って名取の免許を取った人です。そういうと苦労人という印象だけど、すごい慌てんぼうな人でね。正月にちまきと間違えて30個も藁のお供えを買ったり、麺つゆに氷を入れたのを麦茶と思い込んで出したりするようなステキな人です（笑い）」

親元を離れて上京したのが中3の14歳の時。今でこそ、「ミュージシャンを目指して」といえるが、29歳のデビューまで15年の月日がかかったことを考えれば生易しい青春時代ではなかった。

そんな生活の支えは何だったのかというと、カレーライスだった。

「上京してすぐにTBSの地下にあったカレーショップでアルバイトを始めました。拙者は江戸時代の生まれだけど、子供の頃からカレー屋をやりたいと思っていたほどのカレー好き。バイトするならカレー屋と決めていた。そこで2、3年働いていろんなカレーがあることを知り、銀の皿で食べるのを初めて見て感激したのを覚えている」

原点はあり子さんがいつも作ってくれたカレーライスだった。

「具がとろけて汁みたいになっているオシャレなカレーは拙者にとってカレーじゃない。昔そんなカレーはなかった。おふくろが作ってくれたのは人参、ジャガイモ、玉ねぎを大きく切って出来上がりもそれらがゴロゴロ転がっているゴツゴツした素朴なカレー。カレーをかけた後は

氏神一番さん　素朴なカレーライス

作り方

①材料は豚肉、人参、ジャガイモ、玉ねぎ。
②人参、ジャガイモ、玉ねぎはそのまんまといっていいほど大きく切る。「我が家で使っていたのはハウス・バーモントカレー中辛でした」

真ん中に生卵を落とすのが我が家風、関西風で、それを潰してグチャグチャにして食べるとうまい！　魚と野菜、とくに人参が苦手だったけどカレーの人参は気にならなくて何杯でもおかわりした。カレーの時だけなぜか近所の子供らが我が家に食べに来るので、おふくろに食べ終わらないうちから『おかわりあるの？』と聞くと、よく『食べ終わってから言いなさい』と怒られたね」

憧れたのは「魔法のランプみたいな入れ物にカレーが入っていて、ごはんと別々に出てくるカレーライス」だったそうだ。

カレーへの愛着はすさまじく、今も週5日、昼に食べて夜もカレーでもOK。「拙者の体はカレーで出来ている」と語るほどだ。

最後に、「日本で一番最初にカレーを食べたのは誰か知っているか」との質問。答えは「水戸光圀公」だそうだ。

（17年5月31日）

第三章
お肉の
おふくろメシ

川上大輔さん

歌手。1984年生まれ。

高校時代に持たせてくれた弁当のごちそうはスペアリブ

今年の演歌・歌謡界の注目株、川上大輔さんは東京・目黒の出身。何不自由なく育った都会っ子のイメージだが、人は見かけで判断できない。父はライブハウスでギターを弾きながら歌っていたミュージシャンで、川上さんが生まれる前に音楽の道を諦めサラリーマンに。だが、10歳の時に家族と別居。8歳上の姉も大学のために家を出たことから、母・久子さん（66）と2人暮らしになった。

「母親は働きに出て、帰宅は8時か9時。ごはんは近くに住んでいた祖母が作ってくれた。幼稚園から小中と地元の学校に通い、高校は都立。卒業したら、堅い職業に就いてというのが母親の希望で、地方公務員や消防士の試験を受けたけど、落ちちゃって。1浪して大学を目指しました」

予備校はお金がかかるため、川上さんは新聞奨学生になった。

「新聞配達は雨の日も雪の日も台風の日も関係ないきつい仕事で、配り終わって眠ることの快感を覚え、予備校には行かなくなって。大学はセンター試験直前に必死に勉強してどうにか合格……」

その後、先輩に連れて行ってもらったカラオケの店で、後にプロの歌手となる人と出会う。さらに……。

「新聞配達時代、朝食後によくラジオを聴いていて、平原綾香さんの『ジュピター』のファンになり、CDで聴いたホイットニー・ヒューストン、マライア・キャリーへの憧れも強くなっていった」

就職せず歌の世界に入る流れが自然にでき、母に「歌手になりたい」と話したところ、音楽の世界を諦めサラリーマンになった夫の姿を息子に重ねて猛反対。しかし、デモテープに吹き込まれた川上さんのハイトーンの声を初めて聴き、音楽の才能が父親譲りとわかって、「やってみなさい」と背中を押してくれたという。

そんな久子さんの〝ごはん〟はスペアリブ。

川上大輔さん **スペアリブ**

作り方

①焼き肉のタレ「ジャン」にすりおろした玉ねぎを入れる。
②スペアリブを漬けて一晩寝かす。
③グリルで焼く。付け合わせはレタスとマカロニ入りのポテトサラダにブルドックソースをかける。

「小中の時は給食で、高校からは弁当。のり、明太子、青しそを散らした2段重ねが定番で、おかずは卵焼きと唐揚げ、枝豆、プチトマト。これにたまにスペアリブが入っていることがあって僕にはごちそうでした。母は冷凍食品は使わず、6時くらいに起きて毎日、弁当を作ってくれた」

たまに自分でも作るスペアリブが〝母子の絆〟だった。

（16年9月12日）

第三章
お肉のおふくろメシ

高中正義さん

ギタリスト。

父親の料理を見よう見まねで作った牛テールスープ

日本を代表するギタリストの高中正義さんは東京・王子で生まれ、すぐに大井町に移り、高校卒業までこの地で暮らした。実家は麻雀屋。斜め右が大衆キャバレー「杯一」で真ん前が質屋、その左が「アマンド」という繁華街育ちだ。

「親父は中国人で戦後日本に来て高中姓のおふくろと結婚し、僕も小学4年くらいに帰化して劉正義から高中正義になりました。学校から帰ると家では麻雀。店が混む土曜は3階の子供部屋にも雀卓が持ち込まれ、3つ上の兄貴とすぐ横の押し入れにカーテンをして寝ていましたね」

小さい頃の食事の思い出がある。

「店が忙しいし、母親は料理はあまりうまくなかったけど、親父が作っていたのを見よう見まねでやっていました。好きだったのは牛テールスープと、蒸鶏蛋というでっかいボウルに入った茶碗蒸しでした」

高中正義さん　牛テールスープ

作り方

①材料は牛テール、玉ねぎ、人参、ジャガイモ、シメジ、モヤシなど。
②調味料はコンソメ、オリーブ油、塩、コショウ。

牛テールスープはトマトと野菜が入っているもの、蒸鶏蛋は「薄く輪切りにしたねぎが入っていて、残ったらごはんにかけ、醤油を少しかけて食べた」という。

高中少年が中1の時、兄の影響で人生を決める音楽に出合う。ビートルズだ。両親は放任主義で、兄と一緒のギターを買ってもらってのめり込んだ。それでも学校の成績がよく、日比谷から東大に進学することを考えたが、学校群の関係で九段に回されることになって、エスカレーター式の私立を選び、高校を卒業してすぐに家を出て青山に住んだ。

「学生時代には月に1回くらい、大井町に帰っていました。その時におふくろがテールスープを作ってくれた。何がうまかったのか、今では思い出せないけど、〝好きだった〟のだけは強烈に覚えています」

母親は健在。90歳近い高齢だ。若い頃はマンボ、チャチャチャが好きでダンスホールに通い、今でもスポーツジムで鍛える時代を先取りした女性だという。高中さんは母親と一緒に父親のお墓参りの後によく家族で焼き肉店で食事する。テールスープを置いている店が多いのは小さい頃の思い出と関係があるのだろうか。

（15年10月19日）

第三章
お肉のおふくろメシ

大野泰広さん

俳優。1976年生まれ。

ヤンチャ坊主のために作った鶏肉のピカタ

お笑いをやりながら役者もやるタレントは多いが、大野泰広さんの場合はお笑いコンビ「ハレルヤ」を解散し、30歳を過ぎて、完全に役者に転向し、16年の大河ドラマ「真田丸」に出演した。

「僕は根っからの目立ちたがり屋で、大学時代からお笑いを始め、当時は『爆笑オンエアバトル』とかネタ番組に出てコントをやっていました。でも、なかなか芽が出なくて。そんな時、コントの幅を広げたいと出演した小劇場の舞台で芝居にハマり、役者という仕事にのめり込んでいきました。そこで認めてもらい、お笑いと役者のどっちかに絞った方がいいといわれて、解散をきっかけに役者の道を選びました」

東京の下町生まれ。不動産関係の仕事をしていた父は他界、母親のミイ子さん（69）は日暮里で居酒屋「氣まぐれ」を営んでいる。

「子供の頃は集合住宅に住んでいて、ファミコン世代だけど、遊び場

大野泰広さん　鶏肉のピカタ

作り方

①材料は鶏もも肉と卵のみ。付け合わせでトマト、レタスなど。
②鶏肉をフライパンで炒め、塩コショウ。火が通ったら溶き卵を流し込む。
③フライパンにフタをして火を止め、蒸らせば出来上がり。

といえば荒川の原っぱで近所の悪ガキと野球をやったり、屋台のおでん屋が来れば50円玉を握りしめて買いに行ったり、醤油がなくなれば隣の家に借りに行ったりと、まだ下町らしさの残る生活でした」

ミイ子さんは「姉2人がいる末っ子で、少年野球の合宿では裸でポーズを取るようなヤンチャな子供でした」と語る。

そんな一人息子の好物は子供ならだれでもの鶏の唐揚げだが、当時は共働きで、留守番をしている子供が食べやすいメニューをと考えたのが鶏と卵をミックスさせた「鶏肉のピカタ」だ。大野さんいわく――。

「鶏のもも肉に溶き卵を流すだけの簡単な食べ物です。もも肉は食べやすいように何等分かに切って炒め、よくソースかマヨネーズをかけていました。冷めてもうまくて食べやすかった」

「氣まぐれ」はミイ子さんが五十の手習いで始めた店で、今は家族で切り盛りしている。

地酒と旬のものがオススメ。酒はミイ子さんの出身・福島の栄川や福井大野の花垣、日暮里ブランドの地酒「日暮里」などが人気だ。

（16年8月8日）

第三章
お肉のおふくろメシ

パラダイス山元さん

マンボミュージシャン。1962年生まれ。

夕方早くから仕込む姿が脳裏に焼き付いている餃子

会員制餃子レストラン「蔓餃苑」のオーナーシェフ、ミュージシャンとしても活躍するパラダイス山元さんの原点はズバリ餃子。いろんな思いが詰まって〝濃密〟だ。

札幌市（中央区）生まれ。北の大地に憧れる人は多いが、山元さんは故郷を一刻も早く飛び出したかったという。理由は寒さと家族。

「北海道の冬は外に出る気になれないくらい寒くて、一生この地で歯を食いしばって頑張るしかないというのはいかがなものかと思っていました。だから、暖かな南国に憧れていました。家族とは折り合いが悪く、大学教授の父は私にとって厳しすぎる存在。常に味方してくれた母ともまた、ずっと一緒に暮らしたいとは思わなかった」

「早く東京都民になりたい」という一心で故郷から離れた。「親きょう

だいと顔をあわせるのはこの先死んだ時だけ」とまで思っていたという
から根は深い。だが、好き嫌いだけで説明できないのも家族。母が餃子
を作る姿だけは今も脳裏に焼き付いている。

「北海道ではカニもエビもウニもイクラもいつでも食べられるもの。私にとって特別な食べ物は母が夕方の早いうちから仕込んでいた餃子でした。冷蔵庫で寝かせていた餡を、夕飯直前に皮で丁寧に包み、焼いてくれる。それが美しくて、おいしくて。幼少の頃から餃子を包むマネが好きでしたね」

餃子にはどんこ（椎茸）が入っていて、「水で戻していると、あぁ今日は餃子だな」と思ったそうだ。

東京芸大を目指し浪人生活を送るため上京、西武線の椎名町に下宿住まい。近所の八百屋で安価で大量に購入した野菜を、共同の冷蔵庫にストックし、狭い流し台で黙々と餃子を作った。それを食べた大家、下宿の住人は「山元さんの餃子を食べたら他のは食べられない」と絶賛。大学を出てカーデザイナーになってからは同僚らとひたすら餃子を食べ歩いた。結果は「400勝21分け14敗」。もちろん負けたと思ったのがたっ

パラダイス山元さん　餃子

作り方

①豚バラ肉のブロックを包丁でチョップして細かくする。

②①にセロリ、キャベツ、椎茸、長ねぎ、しょうが、ニラを混ぜ、塩、こしょう、鶏がらスープのもと、そして隠し味に漢方系栄養ドリンクを投入。薬膳料理からヒントを得たレシピ。

※パラダイス山元著「餃子の創り方」（光文社）を参照。

たの14回ということだ。

父親が上京した際、蔓餃苑で食べてもらう機会があったが、釈然としない表情に当惑。まさか息子が餃子屋を開くなんて、と思っているようだったという。母にはしばらく会っていないが、「きっちりした性格で包み方や焼き目は完璧。その手先を見て育ったことを今更ながら実感しています」としみじみと語る。

（16年10月3日）

第三章
お肉のおふくろメシ

弘兼憲史さん

漫画家。1947年生まれ。

アシスタントとまかないごはんで食べる水餃子

「課長島耕作」の弘兼憲史さんは仕事をしているスタジオで、5人のアシスタントと〝まかない料理〟を食べる。そのために近所のスーパーに出かけて買い物をするし、料理の腕前は折り紙付きだ。

料理に目覚めたのは故郷の山口・岩国時代。

「サラリーマンだった父が結核療養中に、一人で釣りに行くのが寂しいというので、僕を誘って岩国川の上流に行ってよく川釣りをしました。〝五目釣り〟で大型のコイからウグイ、小型のハヤまで何でも。鯖蛆（さばうじ）の餌を付けて竿で釣ったハヤは一度に100～200匹くらいとれることもあった。白いハヤより黄色いハヤの味がよかったのを覚えています」

父・龍彦さんは10年前に亡くなったが、魚のさばき方、簡単な唐揚げ、飯ごうでのごはんの炊き方などアウトドアのイロハを教えてもらった。

もっとも、95歳になる母・常子さんの料理はあまり記憶にない。思い出すのは水餃子くらいだ。

「両親は戦中、北京の中国語学校で知り合って結婚し、引き揚げてきました。そのことを僕は後年知りました。中国の餃子といえば水餃子で、北京で覚えたのでしょう。子供の頃に食べたものは具体的には思い出せないですね。具がどうとか何のタレで食べたかも。昔は皮は売っていないから小麦粉をこねて作ったんでしょうね。引き揚げてから父は会社勤め、母は呉服店をやっていて忙しくしていたので家族全員で紅白歌合戦を見たこともなかったほど。おせちも祖母が作ったのかな。母のおせちで記憶に残っているのは鍋いっぱいに作ってくれた数の子です」

「中高は私立で給食がなかった。岩国は帝人、旭化成、興亜石油といった大会社のコンビナートがたくさんあり、都会から転勤してきたサラリーマンの息子が多くて弁当もオシャレでした。サラダ付きでおかずが5、6品入っていたり。でも、僕はおふくろが働いているから祖母が弁当を作っていた。祖母は地主の娘で今でいうお嬢。料理はほとんどして

弘兼憲史さん　水餃子

作り方

①材料は白菜かキャベツ、豚ひき肉、ニラ、長ねぎ、しそ、しょうが、卵黄、塩、醤油、ラー油、餃子の皮。
②白菜かキャベツにひき肉とみじん切りにした材料を加え、おろししょうがとつなぎの卵黄を入れ、塩、醤油、ラー油で味付け。
③市販の小さいサイズの皮に包む。水だけでも、鶏がらスープのもとを入れてもいい。詳しくは「弘兼流 60歳からの楽々男メシ」（マガジンハウス）を参照。

いなかったので、おかずはたらこ1個とか。『なんだよ、これ』とか言いながら、弁当の蓋に同級生のおかずをもらったり。高校の最後の頃はさらに手抜きになり、自分で作っていました」

早大を出てパナソニックに就職。大阪でアパートを借り、同期と共同生活するようになって、むくむくと動きだしたのが父に手ほどきしてもらった料理の〝虫〟。その頃から料理を始め、26歳で漫画家デビュー後はアシスタントとまかないごはんを食べる今の生活が定番になり、そのひとつが水餃子で、評判がいい。

「スタジオで食べる餃子は市販の薄い小さな皮を買ってきて、肉8割であん少なめの一口でツルンと食べられる大きさ。それを150個以上作って一人25個くらいずつ茹でて食べます」

姉が引き取っている常子さんは「仕事がうまくいっているか」とか漫画家をやっている弘兼さんの長男を「孫はちゃんと描いているか」と気にかけてくれるという。そんな母とのつながりが水餃子なのかもしれない。

（17年9月6日）

第三章
お肉のおふくろメシ

スギちゃんさん

タレント。1973年生まれ。

食べ盛り3人きょうだいのお腹を満たしたかしわのすき焼き

12年の「R-1ぐらんぷり」準優勝をきっかけに大ブレークしたスギちゃん。バラエティー番組やグルメ・旅番組で今も活躍中。出身は愛知県尾西市(現一宮市)。70年代半ばまでは国内屈指の繊維、とくに毛織物の町として知られた。スギちゃんは3人きょうだいの末っ子。

「実家もおじいちゃんの代から撚糸工場を自営していました。朝早くから自宅敷地内の工場のガッチャンガッチャンという大きな機械の音が響いて、それを子守歌代わりに育ちました」

従業員は父母と祖父母の他に2人。零細ながら高品質を世界に誇る〝尾州ウール〟を支える地場企業だった。

「残念なことに中学に進学する前に繊維不況で廃業。それまでは授業が終わるとまっすぐ帰宅して工場を手伝っていて、夕方になると母ちゃんが夕飯の準備にかかる。僕は台所のそばのかまどでする風呂たき係で薪でお湯を沸かしていました」

しばらくすると夕食の匂いが漂ってくる。一番の好物、かしわのすき焼きの日は胸が高鳴った。

「その頃の最高の家庭料理でした。牛肉を使うと『すき焼き』なんでしょうけど、うちはかしわばかり。ちょうど繊維不況の波がひたひたと押し寄せてきていた時期、食べ盛りの3歳ずつ離れたきょうだいがいる我が家では牛肉なんてぜいたくはできなかったんだと思います。ちなみに、朝、昼、晩とごはんを5合ずつ炊いて、それでも足りない日があったくらいです」

カレーライスでも、入れるのは鶏肉。牛肉を口にしたことはなかった。

「もちろん牛肉はおいしいけど優先するのは量。鶏のお楽しみもあって、煮詰まった残り汁に溶き卵をバッと入れて煮立て、それをすくってごはんにかけると即席親子丼の出来上がり。ごはんがますます進むんですよね」

このすき焼きに欠かせないモノもあった。直径30センチを超える昔な

スギちゃんさん　かしわのすき焼き

作り方

①材料は鶏肉（モモ、胸）、長ねぎ、椎茸、豆腐、糸コンニャク、醤油、砂糖、水、生卵。
②鉄鍋で作るのがコツ。

がらの重い鉄鍋だ。
「実は今もそれが実家にありまして。たまに帰省するとおふくろが引っ張り出してきて『鶏すき焼き』の始まり。濃い口の甘辛い醤油ダレの香りに鼻をくすぐられ、茶色く煮詰まったかしわ肉を生卵に絡めて口に放り込む。その瞬間に〝あぁ、帰ってきたんだな〟って実感。おふくろの味そのものです」

（16年10月31日）

ヴェートーベン
青井貴治さん

イベント司会芸人。1980年生まれ。

沖縄出身の祖母が母に伝授した肉のしる

「ヴェートーベン」のボケ役、青井貴治さんは相方の久保隆さん（37）と同じ広島出身。父・健二さん（59）は40代まで転勤族の会社員だったが、料理に興味があって脱サラし、イタリアンの店を始めた。

「サラリーマン時代から辻調理師学校の通信教育で調理師の勉強をし、脱サラして1年間、アカデミー料理専門学校に通って調理師免許を取りました。それで母親の出身の兵庫県尼崎市と父親の出身の岡山市の間ということで、西宮の門戸厄神で07年にトラットリア『イーハ　トーブ』を始めました。店名は岩手に転勤した時に宮沢賢治に感化されてつけたそうです。ただ、この店、評判がよくて、おふくろもおいしいと褒めていたのに、親父は4年で店を畳んでしまい、今は兵庫の山の中にある宿泊施設の料理長兼務の店長として働いていています」

そんな父に負けず劣らず料理自慢なのが母・多恵子さん（60）。その

ヴェートーベン 青井貴治さん **肉のしる**

作り方

①スペアリブは2〜3人分で700グラム。大根半分、人参1本、ゴボウ1本、煮昆布適量。味付けは醤油、塩、しょうが。
②スペアリブは最初に沸騰したお湯でサッと茹でて臭みをとり、水を入れ替えて再びゆっくり茹でる。
③30分ぐらいして大根、人参、ゴボウをじっくり煮込む。軟らかくなったら醤油、塩で味付け。このタイミングで煮昆布を入れてまた2時間以上煮込む。

一品が「肉のしる」だ。スペアリブを煮て大根などの根菜を加え、じっくり煮込んで味付けする。

「実は30歳になった時に僕のルーツが沖縄ということを知って、衝撃を受けました。兵庫に住んでいた祖母をおふくろが何げなく『沖縄の人』と言ったので、みんな兵庫出身と思っていた僕はびっくり。実は祖母は18歳の時に兵庫に疎開してきて、同じく沖縄から疎開していた祖父と結婚、兵庫でおふくろが生まれたのですが、何も知らなかったんです。そういえば、祖母がお菓子として出してくれた『砂糖天ぷら』は沖縄のサーターアンダギーで、祖母がお酒を飲む前に飲んでいた謎の黄土色の錠剤がウコン、きゅうりの苦いものがゴーヤだったことに気がついた。肉のしるはその祖母からおふくろが教わった沖縄の料理だったわけです」

食べる時には薬味としてすりおろしたしょうがをたっぷり入れる。

「スタミナがつくし、寒い時には体が温まる。食べてから寝ると、なぜか体も楽になる。関西で仕事がある時は、今は兵庫にある実家に前もって『作ってほしい』と連絡を入れます」

（16年5月20日）

第三章
お肉のおふくろメシ

富家 孝さん

医師、ジャーナリスト。
ラ・クイリマ代表取締役。

開業医の〝大家族〟の食卓を飾ったかしわのすき焼き

プロレスのリングドクターとして知られ、メディアで医療問題について発言を続けている医師でジャーナリストの富家孝さんは大阪の出身。かつての北河内郡茨田町の家は地元では有名な開業医で、実姉も医師という〝医師一家〟だ。

テレビでは一時、大家族が人気だったが、実家は昔の大家族で、いろいろな人が出たり入ったりして、いつも十数人が食卓を囲んだ。

「両親、ひとつ上の姉、父親の兄の2人の子供、父親の姉、住み込みのお手伝いさんと看護学校の生徒が各2人で4人、運転手、集金のおじさん、離れを警察の駐在所に貸していて駐在員、出入りの人が数人、多い時は20人、普段は17人くらいで大きなテーブルを囲んでいました。一斉に食べるというより、いつでも食べることができるようにごはんを用意しておくので、ごはんを食べることと生活は一緒という感じでした。子供の頃からいろんな人を見ることができたことは今に役立っています」

国民皆保険になるのは昭和30年代後半で、国民健康保険がなく、お金ではなく食べ物などを治療費の代わりに持参する人もいた時代。富家さんの家にはそのための8畳間があって、米からたばこまで積まれたという。

「母親は家事より父親の手伝いが多くて、食事はお手伝いさんが作り、時間がある時に台所に立っていました。そんな時によく作ってくれたのはレンコンのきんぴらと、かしわのすき焼きでした」

河内は有名なレンコンの産地。輪切りにしたレンコンを砂糖、醤油で甘辛く煮てくれた。かしわのすき焼きは少年時代のごちそうだった。

「戦後、牛肉は高価で、あまり食べた記憶がなくて、すき焼きの肉は決まって鶏、かしわでした。特別な食べ物ではなく、〝大家族〟だからみんなで食べられる食事として結構、回数は多かった。作り方は油をひいて砂糖、醤油で味付けする関西風。甘辛い味がなんとも食欲をそそら

富家 孝さん　かしわのすき焼き

作り方

①材料は鶏肉、白ねぎ、椎茸、シラタキ、春菊、焼き豆腐。「だし」は酒、醤油、砂糖、鶏がらスープ。鶏肉、野菜類は食べやすい大きさに切る。
②鉄鍋を熱し油をひいて肉を焼き、砂糖・醤油・酒で味を付ける。
③野菜などの具材を足しながら煮る。

れました」

母・敏重さんは大学4年の22歳の時に60歳で他界。それだけにおふくろの味はすき焼きに尽きるといえる。

「すき焼きの記憶が強烈なせいか、大人になっても鍋、とくにしゃぶしゃぶが好きで。野菜も取れて栄養のバランスもいいですから。多い時は1年に59回も食べた。4年前に心臓のバイパス手術をしてからは少し減らして年50回くらいです」

（16年8月29日）

大江 裕さん

歌手。1989年生まれ。

一度に30本は食べた祖母自慢のチューリップの甘辛煮

「息をすることも、立つこともできなかった」

〝のろま大将〟のニックネームで知られる演歌歌手の大江裕さんは6年前の病気のことをこう語る。病名は「パニック障害」。原因不明のめまいや動悸、過呼吸などの諸症状に突然襲われる現代病だ。しかし、1年半休業、復帰後は日本中を元気に飛び回っている。それを支えているのは大阪・岸和田に住む祖父母の存在。

「祖父は娘に孫が3人生まれるとしたら男の子3人、その時は真ん中の子、次男は俺が面倒を見ると言っていて、本当にその通り男3人生まれて、僕が真ん中だった。だから、僕はおじいちゃん子、おばあちゃん子。朝や週末は近所の祖父母の家に行って、祖母の作るごはんを食べさせてもらいました。演歌歌手になったのも祖父の影響です」

祖父・熊蔵さん80歳、祖母・なみ子さん81歳、母はユミ子さん53歳。

祖母が作る卵焼きはお砂糖と塩が入った甘めのもの、祖母の実家の自家製味噌を使ったほうれん草やイカ、わけぎの酢味噌和えなどが食卓に載った。

そして、大江少年が〝主食〟のように食べたのが、近所の鶏肉屋さんで買ってきた手羽先を使ったチューリップの甘辛煮。ごはんにのせて一度に30本は食べたという。

「おばあちゃんの味だからレシピがなく、調味料はおたまに入れた醤油などを目分量で入れる。手羽先をチューリップの形にして醤油、砂糖、みりん、時にはお酒も入れて照り焼き風に2、3時間かけトロトロになるまで炊く。それをアツアツのまま食べてもいいし、1日おくとゼラチンが固まってコラーゲンができ、これもプルプルでおいしい。それを火にかけると溶けてこれがまたうまい。祖父はこれにニンニクやしょうがを刻んでかけて、グツグツに煮て酒の肴にしていた」

母親はこの味にこだわらず、3きょうだいでよく食べたのは肉ジャガ。いつもジャガイモにマヨネーズをかけて食べた。「田舎はどれも醤油味だから、違った味わいになってうまかった」という。

大江 裕さん チューリップの甘辛煮

作り方

①手羽先をチューリップの形に。調味料は醤油、砂糖、みりん、お酒。
②照り焼き風に2、3時間かけトロトロになるまで炊く。

岸和田に帰ると、祖母はチューリップの甘辛煮を今も作ってくれる。元気百倍だ。

「全国のおじいちゃんやおばあちゃんに聴いてほしいから、チャンスがあればどこにでも出かける。時間がかかるけど、何とか若い人にも演歌を広げていきたいと思っています」

（2016年6月17日）

第三章
お肉のおふくろメシ

匠さん

タレント。1988年生まれ。

友達の間で伝説の食べ物になった鶏の唐揚げ

父は二枚目俳優の志垣太郎さん、母は元女優の白坂紀子さん――。典型的な2世の匠さんは今、売り出し中の注目のタレントだ。子供の時からクラシックピアノを習い、映画やバラエティーにも出演、これからやりたいことをあれこれ模索し、大きく育ってほしい〝期待の星〟。父親譲りの太い眉のキリッとした顔立ちから、時代劇などでも映えそうな印象である。

セレブな印象がある志垣家だが、意外なことに両親のことは「とうちゃん」「かあちゃん」と呼ぶ。志垣さんが舞台「巨人の星」の星飛雄馬役でデビューしたため、劇中と同じ「とうちゃん」と呼ばせたことが始まりで、今も「とうちゃん」「かあちゃん」だ。

「とうちゃんは、かあちゃんに一目惚れし、6年越しの思いを実らせて結婚したそうです。今も家では仲がよくて、とうちゃんや僕の健康のことは本当に気を使ってくれる。料理もすごくうまい。我が家では、とにかく野菜を食べる。子供の頃に野菜嫌いだったという人がたくさんいますが、僕の場合は最初に出てくる野菜を食べないと、かあちゃんの次のごちそう、メインが出てこない。たとえばサラダひとつとってもバリエーション豊富で、1週間7日間で内容がかぶることがありません」

何でも作るが、得意なのはクリーム系のパスタで、ほうれん草のクリームソースなどは絶品だとか。洋食だけでなく和食ももちろん。しじみを山ほど使う味噌汁、焼き魚などが好物という。志垣さんは「かあちゃんのしじみの味噌汁は本当にうまい」と絶賛とか。

さて、匠さんにとっての〝おふくろの味〟は鶏の唐揚げだ。キッカケは同級生や友人らを呼んで行った小学生の時の自身の誕生パーティー。その時にテーブルに並んだ唐揚げが大好評で家に帰った友人らが「匠クンのおかあさんの唐揚げを食べたい」とせがんだほど。以来、志垣家の唐揚げは伝説の食べ物になった。

どこが違うのか。

「6種類の調味料と野菜のすりおろしをミキサーにかけ、鶏肉を半日

匠さん **鶏の唐揚げ**

作り方

①鶏の手羽中をナンプラー、日本酒、醤油、みりん、お酢、三温糖、野菜（企業秘密）のすりおろしに半日漬け、隠し味の酵素液とパインジュースを加える。
②片栗粉をつけてカリカリに揚げる。

漬け込む。それに酵素液、パインジュースを隠し味にし、片栗粉を付けて、カリカリに揚げるんです。サクサクッとして、スナック感覚で食べられて、僕もとうちゃんもリビングで唐揚げが出るのを首を長くして待っていることも多い。とうちゃんはワインやビールを飲みながら。僕は家ではウーロン茶しか飲まないから唐揚げだけ食べています」

一家だんらんの食べ物が唐揚げとは、なんともほほ笑ましいではないか。

（16年10月10日）

第三章
お肉のおふくろメシ

村西とおるさん

AV監督。1948年生まれ。

初めての〝かあちゃんの味〟は32歳で初めて食べた豚のモツとねぎの味噌炒め

48年生まれ、団塊の世代の村西とおる監督には、母親が台所に立ってごはんを作っていた記憶がない。福島・いわき市で育った子供時代は、ひもじい以外の何ものでもなかった。

「まだ水道も冷蔵庫もガスもない時代で、あの頃の日本は誰もが食うや食わず。我が家の米びつには米がなく、かあちゃんはごはんを作る余裕もなかった。丸いちゃぶ台に麦飯と漬物、味噌汁が並べばいい方。お腹がすいても食べるものが何もなく、どんぶりいっぱいのふかしたジャガイモが出て、むさぼるように食べたことがあります。白米を初めて食べたのは小名浜の祖母の家に行った時かな。夜中に白菜のお新香でどんぶり3杯食べて、お腹を壊したのを覚えている」

父親は傘の行商をやっていた。

「晴れの日や雨の日が3日続いたら商売にならないから、機嫌が悪くて家でふてくされて寝ていることが多かった。それでも親父には1カ月に1回くらい卵やハム、刺し身が出たんです。きょうだいは姉2人。親父は僕には『一切れ食べるか』というので得意満面で食べたけど、姉には食べろと言わないから、2人とも悔しくて涙目でジッと見ていた。そのことを今でも覚えていて『あの時の父親は許せない』と怒っている」

うまかったという記憶があるのは、いわきの人なら誰でも知っている水石山に登った時に食べたソフトボール大の大きい味噌のおにぎりだ。

「山頂まで4時間くらい歩いてやっと着いたと思って、眼下にいわきの街を見ながら、麦飯の味噌のおにぎりにガブッとかぶりつく。あのしょっぱいおにぎりの味！　機会があれば、今でも食べてみたいね」

両親は離婚し、母・シズさんは再婚して市内でおでん屋を始めた。村西監督は高校を出て田舎を飛び出し、以来、10年以上、一度も田舎には帰らなかった。両親はすでにバラバラ、長男の自分が帰った時の複雑な状況を考え、母親に嫌な思いをさせたくなかったからだという。しかし、父親が亡くなり、少し経ってから里帰りした。

村西とおるさん **豚のモツとねぎの味噌炒め**

作り方

①フライパンに油をタップリ入れ、豚のモツを炒める。その後斜めに長く切った長ねぎを入れて炒める。
②酒で溶いた味噌、砂糖をねぎのシャキシャキ感がなくならないように入れてかき混ぜる。

「当時32歳かな。かあちゃんが珍しく『何か作ってやろうか』と言うんです。それで出てきたのが豚のモツとねぎの味噌炒め。ねぎは斜めに長く切ってあって、出来上がりに七味を振って食べたら、甘辛くてシャキシャキして実にうまい。あの時、生まれて初めて〝これが、かあちゃんの味か〟と思って、感慨深かったね」

大正6年生まれの母・シズさんは89歳で亡くなった。村西監督の〝ナイス〟な味の記憶はしみじみとしている。

（16年10月17日）

第三章
お肉のおふくろメシ

デーブ大久保さん

元楽天監督、野球解説者。1967年生まれ。

女手ひとつできょうだいを育てた母ちゃんの豚肉のケチャップ焼き

15年に楽天イーグルスの監督を務めたデーブ大久保さんの出身は漁港で知られる茨城・大洗。父は3歳で亡くなり、デーブさんと弟は母・友美子さんの女手ひとつで育てられた。人一倍やんちゃで大きな体の息子がプロ野球選手として活躍できたのはひとえに、友美子さんがいたからこそ。

「母ちゃんは俺と弟を土建屋の営業をしながら育ててくれた。片道1時間も2時間もかかる遠い街まで車で出かけて仕事を取ってきてたね。一言でいえば豪快。酒は小学1年で飲めと言われた。飲めなくて仕事で男を下げる男がいるからと。たばこは火事になったら大変だから隠れて吸うなと」

県立水戸商を卒業して85年に西武ライオンズに入団したが、「不良をやってて〝高校に行きたくない〟と言ったら〝おまえは偉い。親が面倒を見るのは義務教育まで〟」とピシャリ。やめたいと言った時は「行ってくれと頼んだ覚えはない。好きにしろ」と突き放されたという。後年「水戸商に受かるわけないのになんで合格したんだろうと言ったら〝それは墓場まで持って行く〟というので思わず〝裏口か〟と(笑い)」。まさに抱腹絶倒の親子談議だ。

もちろん誰にも負けない食べ盛り。漁港に行くと市場に出せないイシモチとかサヨリ、ハマグリなんかをわけてくれた。それをバケツで家に持ち帰ると、友美子さんが甘じょっぱい煮つけにした。それだけでおかわりを何杯も。

デーブさんが好きだったのは味噌汁の代わりに飲んだスープ。雑煮の汁風で、椎茸、かまぼこ、三つ葉が入って味塩と麺つゆで薄く色を付けたお澄まし。セロリ、人参、ピーマン、ニンニクが入ったカレーもよく食べた。「ラーメンのスープを使うので肉の味がついてるから肉なし」だ。

そして毎日のように食べたのが「豚肉のケチャップ焼き」だ。

「豚肉をケチャップで炒めたもので、ベタベタして汁が多いので、少ない豚肉でごはんをいっぱい食べることができた。母ちゃんは普段は営業に出かけていないから、弟と毎日のように作ったね。ジャーで1回に7合ごはんを炊いて、弟は2合、俺は5合食ってた」

実際にはウスターソースのような黒っぽい色でほどよい甘辛さ。ごはんが進むのも納得だ。

「母ちゃんは今も元気でしょっちゅう怒られているし、誰にでもズケズケモノを言う。楽天の監督就任の話があった時に母ちゃんがたまたま近所の健康ランドでサウナに入ろうとしたら、見ず知らずの人が〝大久保のところの息子が……〟ってコソコソと陰口をたたいていたから、〝悪いことをして捕まったわけじゃあんめぇ。あんたらに何がわかる！〟って怒ったって。それを見ていた人が誰かと思って見たら〝博元あんちゃんの母ちゃんじゃないか〟って。怒らせるとおっかないから、母ちゃんを敵に回すなっていわれてます」

友美子さんにはデーブさんは今もただのやんちゃ坊主にしか映らないようだ。

（17年2月22日）

デーブ大久保さん　豚肉のケチャップ焼き

作り方

①豚バラ肉200グラムを油とケチャップで炒め、秘伝のタレで味付け。

②「タレは以前は教えてたけど今は内緒」。千切りキャベツの上に盛り付ける。

※新橋「肉蔵でーぶ（港区新橋3－3－7信友ビル1F）」で「母ちゃんの豚肉のケチャップ焼き（680円）」として提供。

第三章
お肉のおふくろメシ

彦摩呂さん

タレント。1966年生まれ。

長屋住まいのごちそうだった煮込みハンバーグ

「宝石箱や！」などグルメリポートの名言で知られる彦摩呂さん。体重120キロながら、繊細で的確な表現は視聴者をうならせる。もちろん食べ物へのこだわりは並々ならぬものがあるが、忘れられない食べ物がある。

生まれたのは東大阪市の近鉄奈良線の瓢箪山駅近く。祖父は東大阪の市議会議員だった。

「自宅は石垣が積み上げられた大きなお屋敷。祖母は船場の繊維問屋の娘で嫁入り道具は馬車4台あったそうです。ひとつ上の兄がいて僕らは〝坊ちゃん〟と言われ、ペルシャ絨毯の上でよく遊んでいました。ところが、小学1年に上がったと同時に両親が離婚、母は子供を置いて実家に戻ってこいと言われたのに〝子供は手放せない〟と言って隣の大東市の五軒長屋に移り住みました。生活環境は一変、当時のアルバムをめくると暮らしぶりがよくわかります。ジャケットに帽子、革靴からヨレヨレのランニングシャツに半ズボン、サンダルになったから。それでも母は根っからポジティブな性格でね。図画工作で〝お父さんの顔を描け〟と言われたけど、どうしようと言ったら〝ウチの顔を描いて、最後に口ひげ描けばいいやん〟ってケラケラ笑っていた」

母・信子さんはうら若き頃は加茂さくら似、今はミヤコ蝶々似。御年76歳。チャキチャキの大阪のオバチャンだ。

信子さんは長屋住まいになって子供2人を食べさせるのにスーパーや食堂に勤めに出た。それでも手抜きなし。ごはんの支度もチャッチャとやって魚料理、唐揚げから弁当まですべて手作り。一番のごちそうは煮込んだハンバーグだった。

「フライパンの中にこねて小さめに丸めたハンバーグを、トロトロになるまで煮込んだフワットロのハンバーグです。長屋の子供たちとドロドロになるまで遊んで家に帰ると、なんとも言えないケチャップやソースの匂いが充満していてね。〝汚い手を洗いや。靴下も脱いで〟とおかんに言われるまま、夢中で食べました。それだけで幸福な気分になれま

彦摩呂さん **煮込みハンバーグ**

作り方

①材料は牛と豚の合いびき、玉ねぎ。
②塩、コショウしてヤマイモとニンニクをすりおろして混ぜ、小さめにまとめる。
③油をひき、フライパンに6、7個を並べ、こんがりと焼き目をつけ、隙間にジャガイモ、人参を並べる。
④ソース、ケチャップをタプタプに入れ、フワフワになるまで煮込む。

した」

それから30年近い年月が過ぎ、ある時「もういっぺん作ってくれへん」とお願いしたという。

「出来上がって匂いを嗅いだ時に子供時代の思い出、おかんの話、台所にオレンジ色の夕日が差した鮮やかな光景が走馬灯のように蘇って『思い出の宝石箱や！』って感じでした。これまで有名ホテルの一流シェフのおいしいハンバーグをいただいてきたけど、やはりおかんのは格別。記憶の中には味も刷り込まれているんやなと思い、心がジーンとしました」

信子さんは長屋を引き払って実家近くに家を建て、今は実母の面倒を見ている。スープの冷めない距離でおかずを運んだりしている。頚椎と腰の手術もしたが、元気そのものだという。

「親孝行のつもりでおかんにお小遣いを渡すこともあるけど、1円も使わず貯金している。この前は〝ウチはええから、彦がマンションのローンの元金に充てや〟って言われてしまいました」

いつまでも頭が上がらない。

（17年5月10日）

第四章

麺のおふくろメシ

メイン料理にも、副菜にもなる
アレンジ自在の麺類。
さまざまな種類の個性派を選出。

第四章
麺のおふくろメシ

浜 博也さん

歌手。1962年生まれ

夏バテの時期におやつ代わりに食べたひっぱりうどん

鶴岡雅義と東京ロマンチカの3代目リードボーカルとしてデビュー、現在、ソロで演歌歌手として活動している浜博也さんは山形県の出身。意外にもラーメンの消費量が日本一の県として知られ、普通のラーメンから冷やしラーメン、冷麺まで種類が豊富。さらに蕎麦の名店も各地にあるなど、麺の宝庫のような郷土だ。

浜さんが育った米沢などがある置賜地方にも名物がある。夏になるとごはん代わりに食べる「ひっぱりうどん」だ。さば缶と納豆をかき混ぜ、冷やした細めのうどんにかけてズルズルと食べる。夏バテしそうな時はスタミナがつく一品だ。

「うちの田舎で一番有名な食べ物です。〝ひっぱり〟の由来は鍋から直接うどんを引っ張り上げて食べた、納豆の糸が引くから、引っ張りだこになるくらいうまいの諸説あります。小さい頃はさば缶が生臭く感じたのですが、慣れると納豆との相性がよくて、食べずにいられなくなったほど。おふくろに〝腹へった〟というと、必ずこれを作ってくれて、おやつ代わりに食べました。高校時代は陸上と弓道をやっていて、帰宅した時もまずこれを食べましたね。簡単に作れるし、おふくろも楽だったのかもしれません」

これと必ずセットだったのは丸なすの漬物と冷たい味噌汁。

「丸なすは小さいなすです。地元では置賜なすといって丸ごと塩漬けにする。東京では山形なすとして売っていて、高くて1個100円くらいするかな。冷たい味噌汁は、みょうが、きゅうりが入っていて定番でした」

4人家族で、母・栄子さん(75)、父・春夫さん(82)、弟が一人。春夫さんは東芝の系列会社に勤務で、山形県グランドゴルフ協会の会長に就任したばかり。栄子さんは地元の元団体職員で、春夫さんが一時、高校の臨時教員をやった時にバレー部の監督を引き受け、その時のキャプテンが栄子さんで「できちゃった」そうだ。

「田舎に帰ると、おふくろに頭が上がらない親父と〝ひっぱり〟を食べることもしょっちゅう。この前、親父のことを歌った『似た者どうし』を会長就任パーティーで歌ったら、泣いて喜んでくれました」

（16年7月25日）

浜 博也さん ひっぱりうどん

作り方

①細めの乾麺のうどん、そうめん、ひやむぎなど麺はお好みで。

②冷やした麺の上にさば缶と納豆を混ぜたものをのせ、薬味はねぎ。サバ缶の塩味で物足りない場合はお好みで醤油を加える。

山内恵介さん

歌手。1983年生まれ。

福岡の実家の祝いの席で出た特製ラーメン

「それほど料理に凝る方ではないんですけど、ある時、水炊きのスープにホルモンを入れてみたらすごくおいしかったんですって。家の近くの製麺所から生麺を買ってきて試したらこれも大正解。それが母のラーメンの始まりと聞いてます」

紅白歌合戦に初出場する山内恵介さんはそう言って目を細めた。福岡の実家で母親の朝子さん（70）が祝いの席などに作ってくれる特製ラーメンだ。

「男ばかりの3きょうだいなんです。ぼくは末っ子。次兄は9歳離れていて高校を出て東京の会社への就職が決まった時、いつものアッパッパ（木綿のワンピース）姿の母がスープから何時間もかけて、モクモクと湯気のたつラーメンで兄をお祝いしたのを覚えてます。僕は小学校に上がったくらいでしたけど、スペアリブまで入っていて、たくさんの野

山内惠介さん　特製ラーメン

作り方

①スープⒶの材料は羅臼昆布、いりこ。スープⒷの材料は鶏がら500グラム、豚スペアリブ500グラム、にんにく、しょうが、人参、ごぼう。
②スープⒷと一緒に豚バラ角を形崩れしない程度に煮て取り出し、焼き豚用に薄味で味付け。冷ましてからスライスする。
③スープⒶとスープⒷをざるでこす。
④スープⒶとⒷを合わせ、もつ500グラムを入れて煮てもつが形崩れする前に取り出す。塩大さじ1で味付け。
⑤薄口醤油小さじ1（ニビシ醤油一番だし）上記のスープにラーメンを少々硬めに茹でて入れる。焼き豚・青ねぎ・紅しょうがでトッピング。

菜などからとったスープがとても澄んで、心も体も温かくなった。何度も替え玉の麺を買いに行きました」

社会保険事務所で働いていた朝子さんは歌が大好き。それを山内さんは引き継ぎ、朝子さんが大ファンの美空ひばりの「みだれ髪」をわずか5～6歳でちゃぶ台のステージで歌い、家族や親戚たちを驚かせた。この時点で将来は決めていた。

「母からは夢を追うのは高校に進学してからと言われました。集中して勉強できる時は、人生でそうないからということでしょう。それで僕なりに努力して合格すると、カラオケ大会に出場させてくれたんです」

それが作曲家の水森英夫の目に留まり、プロ歌手への道を歩みだした。

「僕が家を出る時、母は一緒に上京してくれました。南砂町駅近くのワンルームで一人暮らしを始める身の回りを世話してくれたんです。別れる時、地下鉄の駅の角を曲がる母に『心配せんでよかよ』って叫ぶと『しとらんよ』って。振り返る顔には大粒の涙が浮かんでいて……」

そうやって15周年。ついに紅白の夢舞台に立つ。朝子さんが特製ラーメンを準備しているに違いない。

（15年12月4日）

第四章
麺のおふくろメシ

ブランド王ロイヤル
森田 勉社長

1945年生まれ。

ヤンチャ盛りに作ってくれた牛乳入りちゃんぽん麺

顔前に大きく突き出たリーゼントと白い手袋がトレードマークの「ブランド王ロイヤル」の森田勉社長。ホテルオークラとハイアットリージェンシー東京で計16年も営業マンとして勤務。この間の武勇伝は有名で、その経験を生かして今は「ロイヤル大学」を開校、パチンコ、株、ハゲ克服、競輪までさまざまな教室もウェブで開いている。

生まれたのは小田原だが、すぐ荻窪に移り、東京で育った。いたずらっ子の森田社長は母親をひどく困らせた。小学生時代は元気すぎて先生に呼び出された母親が「学校に来ないでくれ」と言われた。これに「義務教育までは行かせてほしい」と懇願する姿をそっと隠れて見ていた。

それでも懲りないのが森田社長の今があるゆえん。学生時代に、日露戦争を戦った祖父がいただいた金鵄勲章と瑞宝章の勲章を質屋に入れ、パチンコで負けたため、母親に受け出してもらったこともあったそうだ。

森田 勉社長　牛乳入りちゃんぽん麺

作り方

①材料は太麺、豚肉、人参、キャベツ、かまぼこ、コーンなど。
②牛乳をたっぷり入れたスープは白色でマイルド。

そんな悪さが絶えない息子を母親が憎く思ったかといえば、ヤンチャな子ほど、親はかわいいもの。とっておきのメシをいつも作ってくれた。「おふくろはとても料理が上手で、思い出すのはおいしい牛乳入りのちゃんぽん麺です。カゼをひいた時などは必ずこれで回復させてくれた。体の具合が悪い時は食欲がなくなるのが普通ですが、むしろこんなうまい食べ物があるのかというくらい、格別の味でした」

当時では珍しく、すき焼きが出るのが森田家で、「牛肉と家で飼っていた鶏もさばいて入れたので本当にごちそうでした。僕がガッツくので『勉ちゃんはお肉ばかり食べるのね』と怒られた記憶があります」。

晩年、森田社長は会いに行くたびに、母親にお小遣いを渡した。

「独立するまでは何ひとつ親孝行ができなかったので、ビジネスが成功してからは少しは楽をさせてあげたいと思った。おふくろは6年前に95歳で亡くなりましたが、最期まで面倒を見ることができて、恩返しができたかな。そんな時に一緒に思い出すのがいつも作ってくれた、温かくてうまかった牛乳入りのちゃんぽん麺です」

（15年10月30日）

第五章

卵のおふくろメシ

栄養たっぷり、滋養たっぷり
子どもに食べさせたい素材ナンバーワン。
そんなおふくろの想いが
たっぷり詰まった卵料理の話。

第五章
卵のおふくろメシ

神木　優さん

俳優。1981年生まれ。

実家に帰った時、いつも作ってもらうタマゴだんご

10年に始まったシリーズの昼ドラマ「花嫁のれん」（フジテレビ系）に板前・山本哲役でレギュラー出演。神木さんはドラマを機に調理師免許を取ったほど役柄と真摯に向き合った。

「母親が去年までフランス料理店を経営。地元の大阪から24歳で東京へ出てくるまで、時間がある時は店を手伝っていたことが下地にありました。でも、ボクは実技より知識ばかりなんですよ」

母・久恵さん（61）は40代でワインソムリエの資格を取得。シェフを雇って、フランス料理店を始めたという。

「あまり外食をしない家でした。母親はボクたち家族の夕食を作って片付けた後、遅くまでソムリエの資格を取るために勉強していました。子供ながらにエライなあと思って見ていました」

久恵さんが作るのは多くが創作料理だった。

神木　優さん　タマゴだんご

作り方

①玉ねぎ、人参、ピーマンをみじん切りにし、フライパンで牛ひき肉と合わせて炒め塩こしょうで味を付けておく。
②茹で卵を作り、横半分に切って黄身を出す。
③①と②をよく混ぜ合わせ、白身につめて卵形にする。
④小麦粉、卵、パン粉をつけて揚げる。

「父の母親、祖母から厳しく仕込まれたそうです。父の実家は酒屋で祖母は家族だけではなく、住み込みで働いている人の分まで毎日たくさん料理を作っていたと。創作料理のレシピもたくさんあったみたいです」

そのひとつが〝タマゴだんご〟。神木さんにとって大切な試験の前日や合格した日、正月におせち料理のひとつとして必ず作ってくれた。

「小学校からずっと野球をやっていたので、大事な試合の前日にも作ってくれました。味はメンチカツに似ています。ボクはウスターソースとケチャップを、皿の右側半分と左側半分にそれぞれ出して、〝タマゴだんご〟に両方を同時につけて食べるのが好きですね」

両親、4歳上の兄の4人家族の神木家では一度に約20個作り、ご本人は一人で6～8個も平らげていた。

「特にたくさん食べていたのは高校生の頃。ボクは調理師免許を持っていてもお好み焼き、焼きそば、たこ焼きくらいしか作らないので、年に3、4回、大阪の実家に帰った時は、いつもタマゴだんごを頼みます」

（16年2月26日）

第五章
卵のおふくろメシ

新田純一さん

歌手、俳優。1963年生まれ。

要介護の母が今も作るグルグル巻き

2年前、日刊ゲンダイで「介護は突然やってくる」を連載した俳優の新田純一さんは、今も86歳になる母・幸子さんの面倒を見ている。幸子さんは千葉・流山市の実家に一人で住み、新田さんは週1回程度都内から車で駆け付ける。

要介護2で、普段は週5日、ヘルパーのお世話になっているが、1日に何度もメールでやりとりをし、一人息子の新田さんが来るのを首を長くして待っている。

実家に行くと、よく幸子さんには「ごはん食べてきたの?」と聞かれるという。そんな時は必ずと言っていいほど「グルグル巻きを作ってよ」とお願いするのだが、「面倒くさいね」と言いながらも、満身創痍の体を奮い立たせ、息子のために台所に立って、子供の頃から食べ慣れた「グルグル巻き」を作ってくれるという。

「僕にとってはグルグル巻きとしか表現できない食べ物です。小麦粉と卵を牛乳で溶いて、油を引いて焼いたもので、クレープか、薄いホットケーキ、お好み焼きのようなおふくろの味です。おふくろは根っからのパン好き。立川の米軍基地の仕事をしていたことがあって、向こうの食べ物に親しんでいたのか、僕が幼い頃はオートミールの朝食を食べていたし、パンもよく食べさせられた。小麦粉で作るグルグル巻きも、おふくろにとっては、そんな〝洋食〟のひとつだったのだと思います」

食べる時はバターをたっぷり塗るのだが、これは欠かせないアイテムである。

「子供の頃、豊かになったことを実感できる食べ物がバターでした。温かい白いごはんにバターをのせて溶かし、好みで味の素、さらにだし醤油を垂らしたバターごはんは大のごちそうでした。グルグル巻きもアツアツに塗るとバターが溶ける。それが食欲をそそり、ぬぐって食べるのが僕流です」

ミュージシャンの父親とは離婚、その父親は8年前に亡くなったが、グルグル巻きは父子で一緒に食べた新田家の味でもあった。

新田純一さん　グルグル巻き

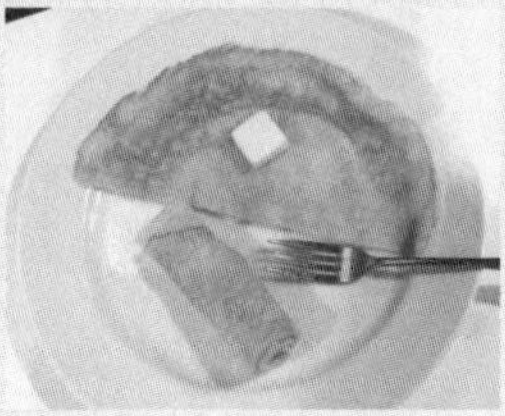

作り方

①卵2個と小麦粉適量に砂糖を混ぜ、牛乳を適量入れて、緩い感じに仕上げる。
②フライパンに油を引いて熱くなったら、クレープ状に丸くのばして焼く。
③平たい器に移して半分に切り、バターをたっぷり塗り、グルグルに巻くと出来上がり。

最近は介護に関する講演も行っている。その際は母親の愛情が詰まった「おふくろメシ」も語ってほしいものだ。（※幸子さんは17年9月に他界）

（16年8月22日）

第五章
卵の
おふくろメシ

やくみつるさん

漫画家。1959年生まれ。

醤油ベースのだしで作るシンプルな卵のフワフワ

漫画家のやくみつるさんは秋田・鹿角市出身の両親と妹の4人家族で世田谷で育った。小中学校時代には高度経済成長期やオイルショックも経験した世代だ。食生活も一気に洋風化が進んだ時代で、やくさんいわく「原点は幼稚園のお弁当。その延長がそのまま食卓になった感じ」。当時の象徴的な食べ物はハンバーグや鶏の唐揚げ。一方、学校では揚げパン、クジラ肉、脱脂粉乳……学校給食を語る時の定番だ。

「脱脂粉乳は嫌いな食べ物の〝代名詞〟のように言われるけど、私は苦手じゃなかったし、ちょっと盛って語られている気がします。ただ、小学校の時は偏食で、とくに豚の脂身が食べられなかった。残すと食べるまで許してくれなくて、5、6時限目まで粘って一人で給食室に返しに行ってました」

ハンバーグは特別な思い出がある。食卓によく上ったが、「ドライブラックハンバーグって感じ」だったという。ところが、小学校の高学年の頃、三軒茶屋にモダンなレストランができ、ハレの日に一家4人で出かけるのが習慣になった。

「そこのハンバーグはウチのとはまったく違っていた。黒い鉄板にのっていてジューッとソースをかけ、切ると肉汁がにじみ出る。これがハンバーグの最終形かなと。今となっては我が家のハンバーグも懐かしいのですが」

そんなやくさんのおふくろの味は2つ。ひとつは「卵のフワフワ」。鍋焼きうどんの小さな土鍋に卵と醤油ベースのだしを入れて蒸しただけのシンプルなものだ。

「だし巻き卵は巻いているけど、『フワフワ』は巻かないままの感じ。気泡があって、醤油の色がついていて真っ黄色じゃない。実はおかんのオリジナルかと思っていたけど、何年か前にクイズ番組に出たら、同じものが問題に出て静岡・磐田の郷土料理ということがわかった。見た目が同じだけで、劇的に違う食べ物かもしれませんが」

もうひとつは鶏のささみのフライ。実は母・信子さんは今年3月に他

やくみつるさん 卵のフワフワ

作り方

①卵1個をフワッと泡立つまで根気よくかき回す。
②土鍋に醤油だしを入れて沸騰させ、卵を注ぎ入れてフタをして蒸らす。

界した(享年83)が、最後に作ってもらったのがこれだった。「自宅でホームパーティーを開いた時におかんにリクエストしました。脂身が苦手だったこともあって子供の頃によく並んだ」という。

信子さんは妹夫婦と同居後、仙台の老人ホームに入り、その後、同じ系列の東京のホームに移った。やくさんはしみじみと述懐する。

「仙台にいた時は月に1回くらい訪ねました。東京に来たらもっと会いに行けるかなと思っていたけど、仙台時代と変わらず、悔いが残ります。かみさんと2人暮らしだし、ウチに住まわせることもできたわけで。自己弁護になってしまいますが」

数年前、やくさんは両親の写真を見つけた。昭和32年に新築した自宅の居間のちゃぶ台で、仲むつまじくごはんを食べている姿が写っていた。

「低いアングルから撮った小津映画のワンシーンのような一枚でした。その小さな白黒写真をデジタルカラーに加工してもらい、遺影とともに自宅で飾っています」

(16年6月28日)

第五章
卵のおふくろメシ

つボイノリオさん

ラジオパーソナリティ、ミュージシャン。
1949年生まれ。

料理ベタが誕生日に作ってくれた奇跡のような一品 茶碗蒸し

70年代、下ネタのコミックソング「金太の大冒険」を歌って大人気となり、現在は地元、名古屋のCBCラジオで「つボイノリオの聞けば聞くほど」を24年間続けている。放送は月曜から金曜まで3時間弱の長丁場だ。

「大変ですねってよく言われるけど、しゃべるのは楽しい。毎日カミさんが作ってくれた弁当を持って、CBCに通っています。カミさんのは何を食べてもおいしくて、弁当は彩りよく詰めてくれます。でも、おふくろの料理はメチャクチャまずかった（笑い）。正月明けなんて、誰も手を出さなかったおせち料理の残りの黒豆や酢れんこんとかを、弁当のごはんの横に仕切りをするでもなく突っ込んでいた」

母・美智子さんは保育士。19歳で名古屋鉄道の職員だった父と見合い結婚し、結婚後も働きながら妹と2人を育てた。

「おふくろは戦中、芋のつるも食べた世代。お腹を膨らませるのが最優先で下味をつけたり、彩りよく盛り付けるどころじゃなかったんでしょうね。27歳で園長代理、実質的な園長になったので仕事から遅く帰って慌ただしく食事の用意をし、片付けた後も夜遅くまで事務処理をしていた。家ではカリカリしてたね」

帰宅が遅いことも多く父親が台所に立ち、肉を焼いたりしてくれた。

「親父は軍隊の経験があったので手際がよくておふくろの料理よりおいしかった（笑い）。おふくろのは辛いか辛くないかしか味がない。ポテトサラダとか肉団子とか総菜を買ってくることも多くて、彩りどころか、容器のままをドン！　とテーブルに置いたりしてた」

そんな中で唯一おいしかったのが茶碗蒸し。

「だしがきいてて、銀杏や鶏肉、カマボコ、椎茸などが入っていた奇跡のような一品でした！　だれかに教わったんじゃないかな。『うまいね！』と言うとうれしそうに笑ってね。誕生日には必ず作ってくれました」

つボイノリオさん　茶碗蒸し

作り方

①鶏肉は食べやすい大きさに切り、熱湯をかけて臭みをとる。
②椎茸は軸を取り、4等分にする。カマボコは薄切りし、三つ葉は2センチほどの長さに切る。銀杏は殻をむいて塩茹でする。
③ボウルに卵を溶いてだし汁と合わせ、塩、醤油で味付けする。
④茶碗蒸しの容器に①②を入れ、上から③を流し入れる。
⑤蒸し器を火にかけ、沸騰したら④を入れ、ふたをする。茶碗蒸しが固まったら蒸し器から出す。

苦労人だった。美智子さんは実は養女で、母の姉（伯母）の子供。最初は裕福だった養家は道楽者の養父がばくちや芸者遊びで身上を潰した。ケンカが絶えず養父母はついに離婚。美智子さんは養母方に育てられたが、美智子さんが就職した際には職場までコワモテの男たちが借金の取り立てに来たという。そんなわけでつボイさんには安定したサラリーマンになることを望んだが、意に反して進んだのが芸能界……。

『金太の大冒険』についてはな〜んにも言いませんでした。どう思ってたのかな（笑い）。一時、東京に行ってテレビに出ているのを見てようやく安心したようでした。両親を白木のテーブルの小ぎれいな懐石料理屋に連れて行ってあげた時があって、親父は『量が少ない』『料理が冷めてる』と不満げでしたが、おふくろは『おいしい、おいしい』と言ってうれしそうに食べていた。根っからの味音痴というわけではなかったんでしょう」

美智子さんは01年に膵臓がんで亡くなった。73歳だった。

（17年10月4日）

第五章
卵の
おふくろメシ

アキさん（荒木良明）

お笑い芸人。1969年生まれ。

だんじり祭りの時に食べるお好み焼き

お笑いコンビ「水玉れっぷう隊」を組んでいるが、2年前にピンで吉本新喜劇入り。真っ黄色のスーツを身に着け、「い〜よ〜」のギャグとキレのいいダンスで人気急上昇中だ。出身は大阪・岸和田。子供の頃の楽しい思い出とともに蘇るのはお好み焼きだ。

「誕生日とかだんじり祭りの時とか、楽しい時といえばお好み焼き。おふくろが大量に作ってくれて2、3日続けて食べていました。好きなものがたくさん入ってたから、飽きなかったんですよ」

一般的な関西風の生地といえば小麦粉、卵、キャベツ、ヤマイモが定番だが、荒木家ではそれらに加え、コーンやシーチキン、桜エビ、時にチーズも入っていた。

「普段、料理は基本的にしないいんですけど、ヨメと小学校2年の娘とアウトドアに出かけた時は、お好み焼きは僕が作ります。子供は僕の作

アキさん **お好み焼き**

作り方

①小麦粉に卵、刻んだキャベツ、ヤマイモ、コーン、シーチキン、桜エビ、水、塩を入れてよく混ぜて生地を作る。
②プレートに直径25センチほどの大きさに丸くのばして焼く。その上に豚肉やイカ、エビなどをのせ、ひっくり返して上面も焼く。
③焼けたら上面を上に戻し、マヨネーズ、ソース、青海苔、花ガツオをかけ、適当な大きさに切り分ける。

るお好み焼きが大好きですね」

両親は共働き。造船の仕事に携わっていた父親は海外に長期出張で不在のことが多く、母・アキ子さん（74歳）が地元でオモチャ屋と家を一人で切り盛りし、2歳上の兄とアキさんきょうだいを育ててくれた。きょうだいはカギっ子だったが、晩ごはんは3人できちんとそろって食べていたとか。

「『勉強しなさい』みたいなことは言わなくて基本、ほったらかし。逆に、その背中を見てると大変なんやなぁと思って、自然と食事の後片付けをしたり、洗濯物を畳んだりして家事を手伝っていましたね。一言で言うと、漫画『じゃりン子チエ』に出てくるお母さんみたいな人。身長148センチと小柄で、ノーメークで着飾らなくて忍耐強い。いつもニコニコして、人の話をフンフンうなずきながら聞いて。でも、実は厳しい面もあって、他人の話をただうのみにしているわけでもない（笑い）」

舞台で女装し、〝アキコ〟役を演じることもあるが、母・アキ子さんは近所の人から「あれ、あんたのイメージ？」と言われるので嫌がっているそうだ。

（16年7月8日）

第五章
卵のおふくろメシ

石本武士さん

タレント。1973年生まれ。

ヒッチハイクの旅先でも思い出したアサリのむき身入り卵焼き

「進め！電波少年」のヒッチハイク企画で「南北アメリカ大陸縦断」を成功させ、猿岩石とともに時の人だったドロンズ。旅に出た97年も広島の実家でお笑いを夢見た頃も、「母ちゃんの卵焼き」を思い、力にしてきた。

「実家は広島の瀬戸内海に近く、海産物が豊富で、新鮮なアサリのむき身を200〜300円で買えるんです。母ちゃんの卵焼きはそれを甘辛く炒めた具材が入っていて、ちょっとお好み焼きに近い。遠足の時だったか、僕の弁当箱の卵焼きを味見してくれた同級生が『いしもっちゃんのお母さんすごい』って褒めてくれて、すっごくうれしかったのを覚えてます」

母・博子さん（71）は着付けや紙粘土細工の技術があり、教室を開いたり週末にカラオケ会を楽しむ活発な社交派。「何をしてもいいのよ。

ただし、自分のことは自分で責任を取るのよ」と自由に育ててくれた。

「中学、高校になって悪さをして家裁に一緒に行かなくちゃならなかった時思いました。ああ、何ひとつ責任取れてないな、迷惑かけっぱなしだなって。２歳上の兄も悪かったことがあったからか、僕が反省しているのを見て『はい、はいって言ってればいいから大丈夫』なんて言うんです」

芸人を目指し、「電波少年」でブレークも、30歳になる頃には仕事が激減。グルメリポーターという新たな仕事をつかみ、恵比寿に料理店「馬肉屋たけし」をオープンさせるまでは、どん底も。

「考えてみると、僕はデブなのにデブを売りにしてこなかった。お好み焼きをひっくり返す時にキャベツが散らばるだけで『はぶてる（ふてくされる）』と言われるほど、料理好きだったことも思い出したんです。ヒッチハイクの旅先で、しょぼい卵料理を見るたびに思い出していた母ちゃんの卵焼き。親父は中国新聞の報道記者でして、もう亡くなっているんですけど、わだかまりを埋めてくれたのも母ちゃんの卵焼きでした。後輩にもよく言うんですけど、行き詰まったり仕事がない時は違うこと

石本武士さん　アサリのむき身入り卵焼き

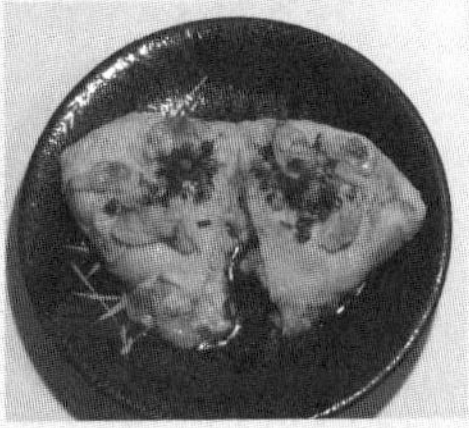

作り方

①アサリのむき身を醤油、みりん、砂糖で甘辛く炒める。
②卵を2～3個、ボウルで溶いて①を入れて混ぜ合わせる。
③熱したフライパンにサラダ油をひいて②を入れて7～8回、箸で素早く混ぜる。
④刻んだ青ねぎを振りかけて出来上がり。丸いお好み焼きのようにしても、だし巻き卵のようにしてもいい。

に取り組めってことじゃないか。今やらないと明日はないって。そう言えるのも、母ちゃんの卵焼きのおかげなんです」

店は来年10周年。今も変わらず盛況だ。

（15年11月20日）

第五章
卵のおふくろメシ

角田信朗さん

格闘家、タレント。1961年生まれ。

トロッと半熟、世界一の卵焼き

空手家でタレントの角田信朗さんの母は元陸上選手で看護師、教員で大和ハウス創業者の秘書といくつもの顔があった。礼儀や約束事に厳しく、守らないと靴べらで叩かれたりした。ただ手料理は格別で、角田さんが大好きだったのが卵焼きだ。

「外側に焦げ目が付き、幾重にも重なっていて口にいれると濃厚な味が広がり、噛むと半熟のトロッとした部分があふれ出す。おかんのは世界一やって思ってた。めちゃくちゃおいしくて、ごはん10杯はいけました」

調理や味付けが凝っていたわけではない。

「フライパンで焼いて調味料は塩、こしょう程度のシンプルなヤツ。遠足で友達の卵焼きを食べさせてもらったことがあって『やったあ、卵焼きや』って喜んだけど、甘くて驚いたことがある。間違って砂糖を入れたのかと。おかんのは砂糖一切なし、だし巻きのような味付けもありません」

母との関係も卵焼きを通じて感じたという。

「日曜日に遊園地に友達と出かけた時、電話ボックスに卵焼きが入った弁当箱を忘れてしまったことがある。どんだけ捜しても見つからず、ワンワン泣いて家に帰り、おかんに告げたけど、思ったほど叱られなかった。ほっとしたと同時に、何か言葉にならないものが胸を突き上げてきました」

小学校入学のお祝いに野口英世の伝記を買ってくれて、さりげなく医学の道に進んでほしいと願っていた。

ドラマを見ては「今のセリフ、どういう意味だったと思う」と聞いて感受性を磨こうとしてくれた。「柔道一直線」に憧れ、主役を演じた桜木健一の大ファンになると、桜木のサイン会に、きょうだいをタクシーに乗せ、学校を早退させて連れて行ってくれた。

「女子高生ばかりの会場で、買ったばかりの柔道着を着させて『来いっ』て両手を広げろって言うんですから。桜木さんが『困ったな』と笑って弟を膝の上に乗せてくれたのを、おかんは目を細めて見ていました」

その母は98年に脳梗塞で倒れ、10年に亡くなった（享年84）。認知症になって卵焼きのレシピを教わる時間はなかった。

「格闘技で言うところの『栄光のベタ』、基本でシンプルなものほど奥が深い。そう母に教わった生き方を死ぬまで貫くしかないですね」

穏やかに話しながら、鍛え上げた見事な筋肉がピクリと動いた。

（15年10月2日）

角田信朗さん **卵焼き**

作り方

①調味料は塩、こしょうでシンプルに。
②フライパンで外側に焦げ目がつき、何重にも巻かれている状態にする。

第六章

野菜・その他のおふくろメシ

野菜や魚、パンに粉モン……
さまざまな素材を使った
おふくろ自慢のオリジナル料理が
思い出とともによみがえる……。

城 彰二さん

元サッカー日本代表FW、
サッカー解説者。1975年生まれ。

ゴールを決めた時のご褒美だったマヨネーズたっぷりのポテトサラダ

Ｊ2年目の94年シーズン。高卒ルーキーながら開幕4試合連続ゴールで脚光を浴び、日本代表ＦＷとしても活躍した城彰二さんは、父・英憲さんと母・典子さんの3人きょうだいの長男として75年、北海道室蘭市に生まれた。

「父は鹿児島の出身で土木系の仕事をしていました。北海道に出掛けた時に女将として旅館を切り盛りしていた母と出会って結婚したんです。父は九州男児そのもの。家のことはすべて父の言うことが最優先でした。もちろん食事も父が食べたいものを母が料理し、子供たちも同じものを食べていました。父が好きだった、そば、そうめん、ラーメンなど麺類が多かったと思います。それから魚ですね。焼き魚、煮魚、刺し身がいつも食卓に並んでいました。子供なら誰もが好きなハンバーグ、カレーライス、唐揚げは食べられなかった。ホント憧れていました（笑い）」

そんな城少年にとって最大の楽しみが、サッカーで活躍した時にだけ食べられる〝ご褒美〟だった。北海道産のホクホクとしたジャガイモをたっぷりと使って卵、人参、キュウリなどが入り、マヨネーズで味が調えられたポテトサラダだ。父の口には合わなかったのだろう。ほとんど食卓に上らなかったマヨネーズ。城少年は「なんておいしいんだ！」と子供心に感激したという。

「試合でゴールを決めて勝ったり、もちろん大会で優勝したりすると母がたくさん作ってくれるんです。ポテトサラダを食べたい！　その思いでモチベーションを上げていました」

オーソドックスなポテトサラダがおいしかったのには秘密があった。調理師免許を持っていた母・典子さんは、評判の料理上手だったのだ。

中学に進学する際、父の仕事の関係で一家は鹿児島に引っ越すことになった。名門・鹿児島実業高に進んだ城さんはサッカー部の寮に入り、親元に帰るのは年に数えるほど。それも「お昼ごろに自宅に帰り、晩ごはんを食べ終わったら寮に戻る。泊まるなんてことはありませんでした」。

城 彰二さん **ポテトサラダ**

作り方

①材料は北海道産のホクホクとしたジャガイモ、卵、人参、キュウリ。
②ジャガイモ、人参と卵は茹で、切ったキュウリと合わせてマヨネーズで味を調える。

「実家では『良質の高タンパク質源をたくさん摂って欲しい』とおいしい牛肉ばかり食わせてもらってました。鹿児島には有名な牧場が多く、そこから取り寄せたうまい肉を腹いっぱい食べさせてくれるんです。よく思い出すのは母手作りの牛タンとテールスープですね。スープはずんどうを使って本格的に作っていました。外食よりも母の食事の方がずっとおいしかった。家で食べるごはんはホントうれしかったですね」

美食家として知られる城さんの「舌」は、鹿児島産のおいしい牛肉が作ったのかもしれない。

しかし、おふくろの味と言えば——。今でもレストランのメニューにポテトサラダを見つけるとつい注文してしまう。母への感謝の気持ちとともに遠い日のマヨネーズへの憧れは、深く心に刻み込まれている。

（17年4月5日）

須田慎一郎さん

経済ジャーナリスト。1961年生まれ。

共働きの母が大晦日になると作ったお煮しめ

大荒れの日本経済についての的確な指摘、経済事件の分析では右に出る者がいない。日々、メディアで発言し、講演で飛び回っている須田慎一郎さん。出身は東京。世田谷区で生まれて、小2で足立区西新井に引っ越して大学を卒業するまで過ごした。

「8歳下の弟がいて父は会社員、母は親戚の会社を手伝っていました。下町の家庭はどこも同じで貧しくてね。共働きで帰宅しても母親はいないから腹をすかせたまま遊びに出かけるのですが、当時は近所でもんじゃ焼きをやっている〝家〟があって、20～30円でもんじゃを食べることができた。小麦粉、ソース、紅しょうが……それに卵を入れるかどうかで悩んだりしてね。生クリームケーキを食べた時は世の中にこんなうまいものがあるのかと思いました」

イチゴのショートケーキだ。1個200円以上もしたため、1年に1

須田慎一郎さん　お煮しめ

作り方

①材料は大根、ゴボウ、昆布、ヤツガシラ、レンコン、干し椎茸、コンニャク、人参、竹の子。
②だしは干し椎茸と昆布で。ざっくり切った野菜を醤油で濃いめの味付けにする。鶏肉など肉類を入れない。

回ありつけるかどうかだった。育ち盛りの頃の思い出は尽きない。

「母親も忙しいから食事といっても外で総菜を買ってきて、キャベツの千切りを添えたメンチ、コロッケ、ハムカツとか、簡単なものでした」

それだけに、大晦日に台所に立つ母・玲子さん（78）の姿が目に焼きついている。鍋いっぱいのお煮しめを作るのだ。ありったけの野菜を濃いめに煮込んだもので特別な作り方はしていない。それを正月の間、食べ続ける。家族のだんらんの真ん中にお煮しめがあったからこそ、思い出の食べ物なのだろう。

「カミサンの実家は秋田で、結婚するので挨拶に行った時、きりたんぽ鍋が出て。比内地鶏、ゴボウ、セリ、舞茸、きりたんぽを醤油ベースで大きな鍋で作る。母親が作るお煮しめと同じ味でした。甘辛くて本当に懐かしかった。縁を感じましたね」

一昨年、玲子さんが階段から落ちて足を骨折して台所に立てず、父親が作ったが、残念ながら失敗作？　だった。今年は玲子さんのお煮しめが復活し、「ありがたみがわかりました」。


（16年2月5日）

第六章
野菜・その他のおふくろメシ

渡邉高博さん

ランニングアドバイザー。
1970年生まれ。

五輪代表の俊足の源は毎朝飲んだミックスジュース

ランニングアドバイザーとして、学校などで指導を行っている渡邉高博さん。92年のバルセロナ五輪の日本代表として活躍し、日刊ゲンダイで連載したAKB48グループのグアムマラソン挑戦では、AKBマラソン部のコーチとしてフル（9人）、ハーフ（2人）の合計11人を完走させた。

出身は愛媛県新居浜市。実家は瀬戸内海までは30分ほど離れた山の中だった。周囲に住む親戚が多く、ごはんは近くの本家で一緒になって食べることも多かったという。

「海まで離れているといってもタイ、ヒラメ、ハマチ、ブリなどの瀬戸内の魚はいつも食卓に出ました。中でもよく食べたのがシャコ。軽トラで運んできてくれたシャコを箱買いし、僕もよくハサミと指できれいにむき、少し塩味がするシャコをそのまま食べました。とくにうまかったのは子持ちのシャコですね」

年1回のごちそうは10月半ばに行われる地元のお祭りで出るワタリガニ。地元のみんなとそれこそたらふく食べる。田舎に帰れない時は母親の京子さん（72）が今も送ってきてくれるという。4年前に結婚し、1歳の長男がいるが、昨年は5匹送られてきたワタリガニを家族で堪能した。

瀬戸内の魚が五輪と世界で活躍したアスリートを育てた基本だったともいえるが、もうひとつ、欠かせない〝食べ物〟があった。京子さんが毎朝、用意してくれるミックスジュースだ。

「高校は家から7キロ離れた新居浜東です。山の中から自転車で通学しました。僕は朝寝坊で、ギリギリまで寝ていて、起きるとまず母親が出してくれたのがミックスジュース。牛乳、バナナ、山芋、卵、それから前日に残った野菜でジュースを作って中ジョッキ1杯、用意してくれた。時間が経つと分離したり、おいしくないと思って飲んでいたこともありましたけど。それから母親が持たせてくれたトースト片手に猛スピードで学校まで自転車を走らせた。学校まで15分。当時、400メー

渡邉高博さん ミックスジュース

作り方

①材料は牛乳、バナナ、山芋、卵に人参、ほうれん草、キャベツ、セロリ。
②ジューサーでミックスして、中ジョッキに。材料の野菜はその時々の余りものを。

トルは五輪代表選手のタイムよりも速い記録を出していたんですよ」

韋駄天（いだてん）の源泉、ここにあり。今でこそ、スムージーなど体にいいドリンクが話題になるが、30年も前のまさに先見の明といえる〝健康食〟。身長185センチの強靱な体は母の〝命のドリンク〟によって作られた。

（16年1月22日）

第六章
野菜・その他の
おふくろメシ

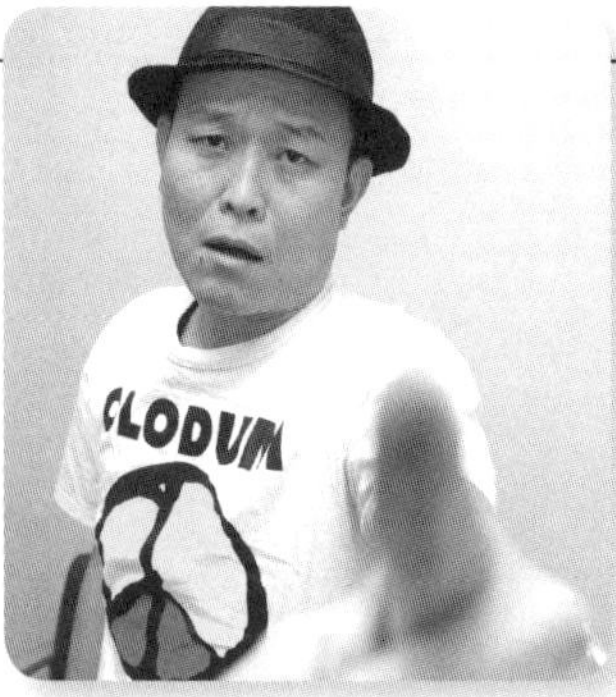

千原せいじさん

タレント。1970年生まれ。

高校で〝競り〟にかけられたロールサンドイッチ

明智光秀の城下町として知られる京都・福知山で育った「千原兄弟」の兄・せいじさん。父親は建築設計士で、「普通の家庭だった」と本人は言うが、丹波で採れたマツタケを食べるための土瓶が並び、梅干しひとつでも小さなお皿で出されたというから、こだわりの家で育てられたのだろう。

だからというわけではないのだろうが、子供の頃は偏食だったとか。「例えば、時間が経ってにおいが出たごはんや給食のごはんがダメとか、よそんちのごはんが食べられなかった。弟（千原ジュニア）はそんなことないんやけど。それで、学校に持っていく弁当といえば、おかんが作ってくれるサンドイッチ。どうてことない、普通のやけど」

とはいえ、当時としてはちょっと変わっていたのでは。八つ切りのミミを落としたパンに辛子マヨネーズを塗り、挟むのはハム、チーズ、キュウリなどか、単にジャムだけを使う。それを海苔巻きのようにクルクルと巻く千原家流。それからラップで巻いてシットリさせ、食べる時は半分に。

「母校の福知山商業（現福知山成美高）には寮生もいて。ウチのはえらい人気で〝競り〟にかけられた。食券プラスなんぼとか。100円、200円くらいやったと思うけど」

きょうだいとも180センチを超える長身。せいじさんは豪快な性格でも有名だから、可愛らしいロールサンドで育ったとはちょっと意外。

「オヤジは170センチちょっとで家系的に大きいということはない」

そうで〝大きく〟育ったのはサンドイッチのおかげか。

バラエティーなどで活躍する傍ら、居酒屋「せじけん」（幡ケ谷）を経営していたことでも知られる。キッカケは食へのこだわりというより08年のリーマン・ショック。会社が経営破綻し、クビになったサラリーマンが新聞配達や交通調査のバイトをするようになり、駆け出し芸人の〝職場〟が奪われた。

そんな時、後輩の芸人に「せいじさんは居酒屋をやったらうまくいく」

と乗せられて始めた。今や店は吉本の若手芸人のアルバイト先だ。大きく育つようにこのメニューも加えてみては。

（15年9月11日）

千原せいじさん　ロールサンドイッチ

作り方

①八つ切りの食パンに辛子マヨネーズを塗る。

②スライスのハム、チーズ、薄切りのキュウリをのせる。

③海苔巻きのように巻いてラップする。

第六章
野菜・その他のおふくろメシ

大鶴義丹さん

俳優、作家。1968年生まれ。

舞台で大忙しの看板女優が時間があると作ってくれたヒジキの煮物

大鶴義丹さんは劇作家の唐十郎さんと女優の李麗仙さんの長男。両親はかつて大人気の新宿・花園神社の「紅テント」公演で多忙を極め、夜中まで自宅2階の稽古場で芝居に打ち込んでいた。

「もう子供そっちのけです。母親は劇団の看板女優だから、それこそ家事どころじゃない。稽古の合間に2階から下りてきてごはんを作るなんて、とてもできなかった。ボクも芝居をやるようになって今は理解できるようになったけど。そもそも家族揃って食卓を囲むとか朝、学校に遅刻しないように起こしてくれるような家じゃなかったし。両親はその時間はまだ寝ていますから（笑い）。だから〝ボクは勝手に生きる〟と腹を決め、一人で好きな時間に寝て学校に遅刻しないように起きて、冷蔵庫にあるものを炒め直したりトーストを焼いて食べていた。『芝居なんかやめてごはん作って』と言ったら、ボクが負けだと思っていたから」といっても、夕食まで準備するのは難しい。そこで近くに住んでいた父方の祖母や手の空いた女優が用意してくれることもあった。祖母が作ってくれたのは子供が好きなハンバーグやカレーライスだったという。

もちろん時間があると李さんが作った。在日韓国人3世だが、なぜか和食が多かった。

「母親の母親は2世なので手作りのキムチや韓国料理を食べさせてくれました。でも、母親は寿司が好きで韓国料理は作れないんじゃないかな。戦前（42年）生まれなのですいとんを思い出す小麦粉が嫌い。ラーメンとかうどんは作らず、白い米のごはんで食べる食事が多かった。おかずでとくに上手だったのはヒジキの煮物。太めのヒジキに豚小間、チクワ、人参とかの根菜、コンニャクと具がたくさん入っていて。どちらかというと醤油多めのしょっぱい味付け。よく給食で出ていたヒジキはまずくて食べられなかったけど、母親のは大好きでした」

しかし、少年の頃から体が大きくよく食べるので、ごはんが出てくるのを待ちきれないことも多かった。小学生になると料理番組を見てメモをとり、冷蔵庫の中をかき回し、台所に立った。

「ビーフシチューを作って母親に教えたり。弁当は小学校3、4年から自分で作ったかな。母親は仕切り方が下手で弁当箱の中でおかずがグチャグチャになる。それで友達に笑われるのが嫌で」

料理の腕はどんどん上達、2年前にはパスタの料理本を出版。今では母から「作って」と頼まれるそうだ。

「あんなに小麦粉が嫌いだったのにボクの作るパスタはうまいみたい。トマトソースとかカルボナーラとか」

ただ、ヒジキの煮物はマネができない。「だから今もよく作ってもらっている」という。


(17年6月14日)

大鶴義丹さん　ヒジキの煮物

作り方

①乾燥ヒジキを水で戻す。ヒジキが十分に戻ったらザルに上げて水気を切る。
②干し椎茸を水で戻し、やわらかくなったら水から上げて軽く絞り、細切りにする。戻し汁は捨てずにとっておく。
③油揚げや人参を適量、細切りにする。
④①～③をサラダ油とごま油少々で炒め、醤油、酒、みりん、塩、椎茸の戻し汁を加えただし汁で味付け、煮る。

小金沢昇司さん

歌手。1958年生まれ。

売れない新人時代 地方から帰ると作ってくれたサバの煮付け

北島三郎の愛弟子で、独立して3年目を迎える小金沢昇司さんのおふくろメシはサバの煮付け。中華料理店を夫婦で切り盛りする傍ら、母・正子さんが朝食のおかずに作ってくれた思い出の味だ。

「『今日のは脂が乗ってないよ』とか、食べる時にポツンと一言、言ってくれるんです。僕はあまり脂が乗っていないサバが好きで、そういうことも知った上で、買ってきてくれていたのでしょうね。甘く煮詰めたサバには、キュウリなどを細かく切り刻んだぬか漬けが添えられていて、炊きたてのどんぶり飯が何杯も進む。サバの四半身を8枚、計2尾を一度に食べた記憶もあります」

海も山もある神奈川県大和市で伸び伸びとたくましく育った小金沢さんに正子さんは「人の言うことを聞きなさい」「目上の人を敬って」と

言葉少なに言うくらい。高校時代、万引を疑われた学友の絡みで警察に呼ばれた時も、息子を信じつつ、黙って何度も頭を下げて守ってくれた。

「優しすぎる人、気遣いの人でしたね」

高校を卒業し、調理師免許も取って、店の後継ぎをと期待されながら、歌手を夢見て家を飛び出した。その後も、何年も芽が出ず、歌舞伎町のクラブの厨房でのアルバイトで食いつないでいたことも。地方から地方へと回った売れない新人時代も、実家に帰ると正子さんはサバの煮付けを作ってくれた。

「30歳を過ぎ、たまたま3日ほど休みが取れて帰った時は、朝昼晩と続き、2日目の昼でしたか『またサバ?』と何げなく聞いたら、『おまえが好きだから作っているのに! もう食べなくていい!』って。声を荒らげて怒らせてしまったんです。僕はうれしい、ありがとうという気持ちで言ったんですけれど。今も反省しています」

正子さんは09年に亡くなって7年が経つ。80歳だった。小金沢さんは57歳。長女は23歳に、息子たちは20歳と17歳だ。

「朝食を取らない風潮もありますが、僕は家にいる時は作ります。母がしてくれたように」
もちろんサバの煮付けは食卓の定番メニューである。

（16年1月29日）

小金沢昇司さん　サバの煮付け

作り方

①サバを三枚おろしにして、半身を2～3枚に切り分ける。
②鍋で水を沸騰させ、醤油、酒、しょうがスライスとともにひと煮立ち。みりんを加えず、砂糖だけで甘めに味付ける。
③塩と熱湯で下処理してぬめりを取ったサバを入れて弱火で煮込む。
④煮汁をサバにかけ、煮絡める。

第六章
野菜・その他のおふくろメシ

森次晃嗣さん

俳優。1943年生まれ。

極寒の北海道・滝川で採れた野菜で作った素朴な煮物

特撮ドラマ「ウルトラセブン」(67〜68年)で主役のモロボシ・ダン隊員を演じ、今もドラマで活躍している森次晃嗣さん。出身は北海道滝川市。真冬は氷点下30度まで気温が下がる極寒の地である。自宅近くの畑で取れた野菜で育ち、高校まで滝川で過ごした。

「今思い返しても、北海道では冬の寒さは特にこたえましたね。家の内湯には暖房が届かず、冷えることもあり、よく銭湯に行ってたのを覚えてます。家はそこまで裕福ではなかったので、おふくろも外に出て働いていました。その姿を見て女の人の強さを感じました。普段の食卓は、畑があったこともあり、食べ物にはそんなに不自由しなかった。よく作ってくれたのは畑で取れたサツマイモやカボチャ、キャベツ、大根を使っての煮物。サツマイモに切り干し、油揚げを入れて醤油、みりん、砂糖

森次晃嗣さん　素朴な煮物

作り方

①材料はサツマイモ、カボチャ、キャベツ、大根、切り干し大根と油揚げが定番。
②甘めの味付けに仕上げる。

で味付けした素朴なものです。甘めで味は濃いめだったかな。それにごはんと味噌汁という質素な食事で、米は配給の外米が多かった。あれはパサパサしてあまり好きじゃなかったけど」

だが、食べ盛りに野菜だけではもたない。

「そのうち、サンマやニシンなど焼き魚も献立に加わるようになって。カレーライスが出ることも増えて、おふくろのは人参、ジャガイモ、玉ねぎに肉は馬肉。馬肉は硬くてのみ込むのに苦労しました。カレーも味付けが甘かったですね」

俳優業のかたわら藤沢市で「カフェテラス　ジョリーシャポー」を経営するオーナーだ。名物料理は〝ダンのハヤシライス〟。こちらも母親譲りの家庭料理でじっくりと下地から仕込んでいる極上の一品。玉ねぎとマッシュルーム、ピーマンと肉をバターで炒め、じっくり煮込む。

「晩年、おふくろは寝たきりでしたが、病院に行って車椅子を押して散歩しました。あの煮物もおふくろの働く姿も懐かしく思い出しますね」

（15年10月16日）

第六章
野菜・その他のおふくろメシ

伊藤克信さん

タレント、俳優。1958年生まれ。

実家の老舗旅館で食べた秘伝の「ビルマ料理」

競輪好きのタレントとして知られ、俳優としては代表作「の・ようなもの」で知られる伊藤克信さん。16年には「の・ようなもの」の続編も公開された。実家は江戸時代から145年続いた日光の老舗旅館「環翠楼　古橋旅館」。

「駿河国の久能山東照宮から日光東照宮に徳川家康の骨を分室した時についてきた家来がうちの先祖。最初は両替商をやっていたのですが、参拝客があまりに多いので旅籠を開業したのが始まり。その後、明治9年に旅館業の鑑札が下りて正式な旅館になった。私はその5代目の社長だったのですが、二足三足のわらじはさすがにきついし、大変。それで02年に廃業しました」

本名は古橋。栃木で最初に電話を引いた名家で祖母・キンさんは「もしもし第一号」といわれたとか。父・栄亮さんはバクチ好きで「サラリー

伊藤克信さん　秘伝の「ビルマ料理」

作り方

①キャベツ、ナス、インゲン、人参を一口大に切り、塩を振ってよく揉む。
②鶏肉を入れる（豚肉も可）
③生の完熟トマトを手でつぶして入れて煮込む。隠し味にカレー粉を少々。
④たっぷりのサラダ油を投入。

マンになるな」が口癖、母・トシさんは芸事が好きというから、競輪好きなタレント、俳優は生まれるべくして生まれた。栃木なまりの気取らない性格はそんな型破りな両親から受けついだのだろう。そして、老舗旅館ながら、古橋家には、戦後から伝わる意外な〝秘伝の料理〟がある。

「我が家では『ビルマ料理』と呼んでいる、トマトシチューのような食べ物です。親父の弟が太平洋戦争に行った時に南方で覚えてきたもので、南方の料理ということでビルマの料理と呼んでいます。夏場、夏バテ気味の時に『食べよう』となって、おふくろが作ってくれました。完熟トマトがベースで夏野菜がいっぱい入っていて、食べると元気になった。隠し味はカレー粉です」

ご覧のように、インゲンの緑、トマト、人参の赤など見た目は鮮やか。トマトの酸っぱさとほんの少しのカレー風味が絶妙。伊藤さんが作ることもあり、その時々の夏野菜をふんだんに入れているという。

（15年11月27日）

第六章
野菜・その他のおふくろメシ

ジャングルポケット
おたけさん

お笑い芸人。1982年生まれ。

生まれも育ちも月島「体がもんじゃでできている」

「もう1億パイは食べたかもしれない」

こう言うのはお笑いトリオ「ジャングルポケット」のおたけさん。月島で生まれ、月島で育った下町っ子で、おやつも夜のごはんも、もんじゃという環境で育ち、「体がもんじゃでできている」。しかも、実家ももんじゃ焼きの店「竹の子」を営んでいる。お笑いタレントの来店も多く、店内にはサイン入り色紙が所狭しと並んでいる。

おたけさんの母親のトシ子さん（59）は月島の出身。祖父が工務店を経営していて、トシ子さんも手伝っていたが、高校生の時に祖父が亡くなったのを機に、倉庫にしていた場所を店舗に改装して店を始めた。その際に子供のころから食べ慣れ親しんだもんじゃ焼きの店にした。

「今は月島に100軒くらいもんじゃ焼きの店がありますが、子供の頃はその3分の1もなかったかな。増えたのは布団屋や魚屋など商店街の店が次々にもんじゃに店を替えたからです。布団屋さんの奥でもんじゃを焼いて食べさせたりしていたのが、そのままもんじゃの店になったんです」

トシ子さんのもんじゃは格別で、味付けの特徴は切りイカ。細く乾燥したイカがアッサリしていて、とても香ばしい味に仕上がる。それに揚げ玉や桜エビが入れば、完璧な下町の味だ。

「特別なもんじゃもありました。僕は運動がよくできて、運動会や陸上大会では地元のちょっとしたスターだったんです。勝って家に帰るともんじゃにアワビ、サザエ、伊勢エビをトッピングした特製もんじゃを作ってくれた。祖母が千葉・千倉の出身で、千倉から海産物が送られてきて、それを入れてくれたんです」

「竹の子」にはさまざまな具をトッピングしたメニューが並び、中には真田広之由来の「コーンチーズカレーもんじゃ」もある。オープンした頃に足しげく通ってくれたのだという。

「ダウンタウン松本人志さんも来てくれたし、相方の斉藤（慎二）、太田（博久）も顔を出してくれます。困るのは斉藤かな。店に来て外に出

ジャングルポケット おたけ **もんじゃ**

作り方

①カツオベースの和風だしにソースが味付けの基本。これが10に対して小麦粉が1の割合。
②キャベツを細かく切った上に切りイカ、桜エビ、揚げ玉をのせ、鉄板で焼く。

しているコーラとか飲み物を勝手に持ってきて飲んだりする。マナーが悪いんですよ」

トシ子さんに子供の頃のおたけさんについて聞くと、「30歳前後まで美容師を目指していたので芸人になるとは思っていませんでした。でも、ヤンチャだったし、お友達が多くて」と今は納得の様子。親子の会話がまるで漫才のようで、下町情緒たっぷりの気の置けない店そのものだ。

（16年8月15日）

第六章
野菜・その他のおふくろメシ

稲川淳二さん

タレント。1947年生まれ。

帰宅後いつも遊ぶ公園で食べた海苔弁当

〝怪談トーク〟の第一人者、稲川淳二さんが生まれ育ったのは東京・恵比寿。今はオシャレな街として知られるが、もとは隣近所が長屋のように気さくに行き来する庶民的な街。

「とくにウチにはいろんな人が出入りした。チンドン屋の一行が一息つこうと入ってきてお茶を飲んでいたりするから、ウチをチンドン屋と勘違いする人もいた。2、3軒隣に有名なホラ吹きのジイサンが住んでいて毎晩、ウチでオヤジと酒を飲んでホラを吹きまくって帰っていく。ある時なんか、デッキにお相撲さんを乗せた大きなバスが近くを通って、おふくろを『おみっちゃん』って大きな声で呼ぶからどうなってんだと思ったら、オジさんが両国で寿司屋をやっていて、おふくろは店の看板娘だったから顔を知っていたとか……」

食生活も庶民の暮らしそのものだった。

「店といっても卵屋、納豆屋、牛乳屋、豆腐屋なんかがあって、近所の奥さんが揃って買い物に行くもんだから、夕飯はどこも似たような食卓になってね」

父母、祖母、姉、弟にいとこのお姉さんがいる7人家族。米は新潟の親戚から送られてきてごはんは、まきで炊いていた。

「隣近所はガス釜を使っていたから、親父はおふくろが〝大変〟と思ったらしく、ガス釜を通り越して電気釜を買ってきた。電気釜を買ったのは近所では一番早かった」

楽しいのは放課後。帰宅した近所の子供たちと日が暮れるまで遊ぶのだが、家に帰ると、弁当を持たされ、広尾にある有栖川公園に繰り出したという。中身は海苔が敷いてあってシャケか卵焼きをのせ、油揚げを甘辛く煮たもの、人参の天ぷらを煮たものが決まって入っていた。

これを料理番組でアレンジを加えて再現してみせたら、「こんなに材料費が安くて簡単な料理は初めて」と大好評だったとか。

もうひとつ、稲川さんにとって懐かしく思い出される味は遠足の時に必ず持たせてくれた「海苔巻きいなり」、海苔巻きといなりの入った、

稲川淳二さん **海苔弁当**

作り方

①鰹節、ごはん、でんぶ、ごはんを重ね海苔を敷く。
②卵焼きかシャケ、油揚げを煮たもの、人参の天ぷらを煮た物を添える。

いわば「助六弁当」である。

そんな弁当を作ってくれた母・美津さんは8年前に91歳で他界。「本当に面倒見がよくて気が優しい人でした」と、この時ばかりはしみじみと語る稲川さんだった。

（16年7月1日）

第六章
野菜・その他のおふくろメシ

渡部陽一さん

戦場カメラマン。1972年生まれ。

毎朝食べさせてくれた駿河湾の生と釜揚げのしらす

僕は静岡県富士市の田子の浦という港近くで育ちました。母が市場のしらす屋で働いていて、毎朝駿河湾で揚がる、取れたてのしらすを食べさせてくれたんです。鉄ザルに大盛りにした、キラキラ光る生しらすと釜揚げにしたしらすの２つ。すりおろしたしょうがと醤油をちょっと落とし、スプーンで頬張る。すると、新鮮な海の味が口いっぱいに広がって。

食べ盛りの頃は炊きたてごはんに生しらすと釜揚げをのせてもらい、ダブル丼を平らげました。母は副菜としておからをつけてくれた。故郷・岡山の味だそうで、５ミリほどに刻んだイカのゲソが入っていた。そういうところに至るまで、ソウルフードの海の幸で食卓が彩られていました。渡部家は基本、魚道（主食の意味）で岡山の郷土料理ママカリとか、季節によってサワラやノドグロがお目見えするのです。

小さなアパートに、サラリーマンの父と元ＯＬの母・良子、長男の僕とひとつ下の弟、３つ下の妹の５人暮らし。母はいつも厚手のエプロン姿で、僕ら子どもに寄り添ってくれました。小学生の僕が友達を７人連れてくると大きな寒天ゼリーでもてなしてくれました。デミグラスソースからお手製のハヤシライス、ホットプレートで焼いてくれたお好み焼き、オーブンレンジで銀紙にくるんだハンバーガー、何でも自分で作っちゃう。納豆に、炒めたひき肉を加えたり、いつも手書きのレシピを手に、新しいメニューや創作料理に挑戦していました。

一言で言うなら、自由解放主義。20歳になった僕が戦場カメラマンになると伝えた時は、父ともども大反対でしたけれども、決意を知って許してくれた。どんな場所に行っても、毎日電話やメールで連絡をすること、どれほど時間がかかろうと、命がけで撮った写真を発表することを約束しました。

以来、イラク戦争などを回って23年。ホールドアップに遭ったり、銃口を突き付けられたり、マラリアで生死のはざまをさまよったこともありましたが、僕のパワーの源はいつも、母の手料理。窮地に陥れば陥るほど、思い出すんです。また食べたいから、頑張る。帰国して真っ先に電話すると母は「何を食べたい?」と聞いてくれました。しらす、おから、そしてハヤシライスが僕のリクエストです。

母は69歳で亡くなりましたけれど、僕の心と体は母の料理でできている。あの味を思い浮かべて、これからも頑張っていこうと思っています。

(16年4月8日)

渡部陽一さん 生と釜揚げのしらす

作り方

①釜揚げしらすは水洗いした生しらすを約100度の熱湯で約2分間さっと茹で上げる。
②しょうがのすりおろしはそれぞれに。

第六章
野菜・その他のおふくろメシ

黒木じゅんさん

歌手。1966年生まれ。

父がキャンペーンから帰ると食べた天ぷらの甘辛煮とねこまんま

「よぉ」と、1週間とか2週間ぶりに父が帰ってくると、必ずといっていいほど食卓に並びました。家族3人、めったにないだんらんの味が天ぷらの甘辛煮とねこまんま。父は歌手の黒木憲で、私が2歳の時に、「霧にむせぶ夜」(68年)がヒットしました。

以来、全国を歩いてキャンペーンの日々。帰ってくると、母子家庭のような暮らしがパッと華やいで、母がいつもとはまた違った笑顔になるのがうれしかった。その父が好きだったのが天ぷら甘辛煮とねこまんまなんです。新鮮なイカにエビ、人参などの野菜、ちくわを揚げ、サクサクで食べるのももちろんおいしいけれど、それを甘辛く煮ると、衣に煮汁がしみて、またいけるんですね。

酒好きの父はウイスキーをやりながら、七味をかけ、つまみとして味わい、僕は湯気の立つ白めしにのっけて、何杯も平らげていく。そして、父は酒のシメに「ねこまんま」と言って、ごはんに鰹節をたっぷりかけて、そこへ分厚いカットバターを落としてもらい、醤油を垂らして食べていました。私も一緒に食べたものです。

また、甘辛煮は天ぷらを揚げた翌日がまた格別なんです。家族旅行とかしたこともない親子でしたけれど、母の手料理を一緒に味わえるだけで本当に幸せでした。

母の清子は元陸上選手で、砲丸投げと短距離をやっていたそうで、ジーンズにポロシャツを着て「好きなことをやればいい」「でも、人前で涙を流したらいけないよ」などと言っていた。父と同い年で、私の中学時代もまだ30代半ば。男勝りで頼もしく見えたのは、父親代わりもしなきゃならないという思いがあったのだと今はわかります。

父とはすれ違いの時間が長く、離婚してしまいましたけれども、父が糖尿病の合併症による脳梗塞で倒れ、06年に亡くなると、その後を追うように、4年後に67歳で息を引き取りました。

私も歌手になり、父の恩師でもある作曲家の鈴木淳先生に弟子入り。

黒木じゅんさん　天ぷらの甘辛煮とねこまんま

作り方

●天ぷらの甘辛煮

①鍋で水を沸騰させ、醤油、みりん、酒、砂糖、鰹だしを入れる。

②そこへ天ぷらを入れてつゆとよく絡ませる。

●ねこまんま

①ごはんに鰹節をたっぷりかける。

②分厚いカットバターをかけ、醤油をたらす。

テイチクレコード移籍第1弾で、父の「霧にむせぶ夜」を引き継ぐムード歌謡「いのちの花だから」を昨年発売し、歌わせてもらっています。名前も黒木憲ジュニアから黒木じゅんに改名、50歳の再出発です。おふくろの味は妻（フリーアナの中尾美穂＝写真隣）が継いでくれ、食べるたびに勇気と幸せを感じています。

（16年6月3日）

第六章
野菜・その他のおふくろメシ

アリス
矢沢 透さん
ミュージシャン。1949年生まれ。

ごはん4杯、味噌汁6杯おかわりしたナスの油炒め

息子の僕から見ても、高潔な母だった。親の反対を押し切って俳句の道を志し、同じ文学を通じて出会った男と駆け落ち同然で、生まれたのが僕。好きな道に行けない、行かせてもらえない苦しさを身にしみて知っていたから、中学で不良の代名詞でもあった音楽の道を選んでも、何ひとつ反対しなかった。

親父と別居し、静岡・清水区で暮らしていた頃は、女手ひとつで兄貴と僕を育て上げてくれた。高校生の僕が毎朝「ヤング720」という番組で、生バンドの演奏を見て通学するものだから、遅刻の常習犯になっていても、退学して上京する時も、僕の決断を黙って認めてくれた。

そんな母の手料理で、よく作ってもらったのがナスの油炒め。味付けは醤油とおろししょうがくらいなんだけど、ナスは八百屋で仕入れて新鮮だし、油の加減がちょうどよくて、高校時代はごはん4杯、味噌汁6

矢沢 透さん **ナスの油炒め**

作り方

①よく洗い、ヘタを切ったナスを6ミリくらいの薄さの輪切りにする。
②フライパンにサラダ油を引き、加熱。程よく熱したところでナスを入れ、両面に少し色がつくまで炒める。
③醤油とおろしたしょうがをひとつまみ、さらに鰹節を振りかける。

杯食べた記憶がある。口数もあまり多くなくて、冗談も言わない母は、静かに目を細めて、見守ってくれていた。

アリスを結成し、忙しくなって、帰省するのが盆と正月明けくらいという時期も、ほぼ必ずというくらい、ナス料理をリクエストしてきた。「冬の稲妻」が大ヒットした77年だったか、「キャンティ」に入り浸り、テングになりかけた自分を戒め、初心に帰らせてくれるというか、原点に戻らせてくれる味になっていた。

僕が横浜、葉山、鎌倉へと引っ越し、大船に住んでいた時のこと。帰ると母は駅前まで迎えに来てくれた。見るたびに小さくなっていく背中を覚えている。10年、91歳で亡くなる直前まで勉強を続けていた。ベッドの枕元にノートがあって、俳句や世の中の出来事のメモが書かれていた。

僕も67歳になるけれど、母の背中を思い出して、まだまだ頑張らなければと思う。音楽の他、六本木で「アガサ」という串焼き屋を始めて32年、メニューにナスの料理がいくつもあるのは間違いなく母の影響だ。

（16年10月24日）

第六章
野菜・その他のおふくろメシ

三山ひろしさん

歌手。1980年生まれ。

ひがちになって働き 一家5人のために作った 豚肉とシシトウガラシの炒め物

09年「人恋酒場」でデビューして10万枚のヒットになった三山ひろしさん。2年連続で紅白歌合戦に出場、昨年は故郷・高知に思いを馳せた「四万十川」を歌った。

「高知市の隣・南国市で生まれ育ちました。両親は小学校2、3年の頃に離婚して、ボクと1歳下の弟は母に育てられました。おじいちゃん、おばあちゃんが香美郡物部村（現・香美市）に住んでいて、週末は祖父母の家に行ったり、ボクたちの家に来たりと頻繁に行き来して、5人暮らしという感じでしたね。母は息子2人が20歳になるまでは、何をやってでも食わしてやらないといけないというので、ひがちになって（必死になって）働いていました」

一家は貧しく、祖父母の山で野菜を作りながら祖父は大工仕事、祖母は仕出し屋、母・典子さん（59）は印刷所やクリーニング店、パチンコ店などで懸命に働く日々。三山さんも中1から新聞配達で家計を助けた。

「祖母と母がごはんを作ってくれましたが、2人とも忙しいので料理は簡単なものが多かった。好きだったのは豚肉とシシトウガラシの炒め物です」

収穫期の夏から晩秋にかけて祖母と母は自宅でシシトウのパック詰めの内職をしていた。農協から軽トラックで大量のシシトウが運ばれ、夜、形や大きさごとに揃えてパック詰めする。規格に合わないシシトウは出荷できないので、廃棄はせず食卓に並んだ。

「豚バラの細切れ肉とふぞろいなシシトウを塩こしょうで炒めるだけ。皿に盛った一品をちゃぶ台の真ん中にドカンと置いて食べる。箸で目いっぱい掴んでも、豚肉はひとつも交じっていないほどシシトウが多い。でも、取れたてだから、新鮮でおいしい。20本に1本ぐらい辛いのがあって、『当たり！』と喜んだりして（笑い）。テレビを見ながらボクはその日学校であったことを、母はおもしろい出来事を話し、相づちを打ち、みんなで笑って……そんな楽しい思い出がよみがえります」

三山ひろしさん **豚肉とシシトウガラシの炒め物**

作り方

①フライパンに油を引き、豚バラ肉を炒める。
②豚肉に火が通ったら、洗ったシシトウガラシを加えさらに炒める。
③塩こしょうで味付けして皿に盛る。

高校を出てガソリンスタンドに就職したが、歌手の夢を捨てきれず25歳の夏に上京。母は無農薬の手作り野菜や山で種から長年かかって育った香り高い〝実生のユズ〟の搾り汁を送ってくれた。

「歌手になれなかったら、帰らないし、なれっこない。母はそう考え、ボクはもう故郷に帰らないと思っていたみたいです」

しかし、なんとかデビューにこぎつけ、夢がかなった。今では旅先でフグやカニなどおいしいものを食べると、空港で同じものを見つけ母に送る。

「真面目で働き者。高知からほとんど出たことがない母に食べさせてあげたくなるんです」

年1回の帰省を典子さんも三山さんも心から楽しみにしている。

（17年3月8日）

第六章
野菜・その他のおふくろメシ

榊 英雄さん

映画監督、俳優。1970年生まれ。

親子3代に受け継がれるアジの南蛮漬け

榊英雄監督が生まれ育ったのは海に囲まれた長崎・五島列島。日々の食卓にのぼるのは豊富な魚介類だったことはいうまでもない。

「刺し身はどんぶりに盛り付けられ、よく取れる水イカなんか山盛りです。カワハギの鍋もよく食べたし、カサゴも魚肉ソーセージのエサで取れるので刺し身、味噌汁になり、小ぶりなのは丸揚げしてくれた」

実家は理髪店。隣は酒屋で夕方になるとキリンビールの大瓶を買いに行くのが日課で、父・信一さん（故人）が晩酌している横で母・道子さん（71歳）がせっせとさばいていたのがバケツ1杯ほど100匹も200匹も取れるアジだった。

「亡くなったオヤジは釣りが趣味で教えてもらったのがアジ釣りでした。店は月曜が休みなので日曜に早めに閉めて出かけたり、夏休みは毎日のように連れていかれた。まき籠にまき餌を入れてプワッとさせて釣り糸をポチャンと垂らして上下すると、あっという間にアジが寄ってきてカツオの一本釣りみたいに釣れる。向こう三軒両隣の世界だから釣った魚をよその家に分けるのが当たり前で、代わりにジャガイモや豆腐をもらったりする〝物々交換〟が日常茶飯事。ジャガイモは僕の好きな俵形のコロッケになりました」

アジは大きさがバラバラで大きいのは刺し身、10センチ程度の小さいのは南蛮漬けに。だしで味付けしたみりんに漬け、ごまをまぶしたみりん干しも作った。

榊監督が好きだった南蛮漬けは頭とゼイゴを落とし、骨はそのまま。梅酒用の四角い大きな瓶に何百匹も漬け込み、それを骨が硬い時から食べさせられ、2、3カ月後や場合によっては冬にも食べさせられたという。

「3日目くらいだと骨が硬いけど、それはそれでおいしかったし、3カ月も半年も経った南蛮漬けは骨までとろけて箸でつかもうとするとボロボロになるけど、まさに『うまかっ!』でした」

地元の高校を出て福岡の大学に進学。卒業後は田舎に帰る学生も多かったが、「島から出て何かやらんといかんという九州の『のぼせ気質』

榊 英雄さん アジの南蛮漬け

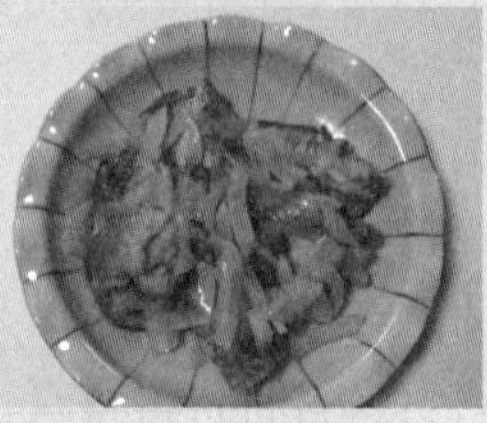

作り方

①アジは小ぶりなもの、10センチ程度。頭とゼイゴを落とし、内臓を手で掻き出し、血合いを取る。
②小麦粉を薄くつけ、油で焦げ目がつくくらいに揚げる。
③三杯酢を作り、熱い間にアジを漬ける。
④薄く切った玉ねぎ、鷹の爪を散らす。

で東京に出て、役者の道に進んだ。

「役者と監督をやりながら家族もできて、９歳と２歳の娘がいます。夏になると１カ月のロングバケーションを取って帰省することにしているのですが、２年前に初めて長女がアジ釣りを覚えて１００匹も釣れたんです。その時、『そういえば、オレもオヤジに同じことしてもらっとったな』と思うと、感慨深かったですね。ただ、おふくろは今は南蛮漬け作りをやりたがらなくて、『あんたが釣ってきたんだから責任もってやんなさい』とボクや娘がさばいている姿を眺めています」

孫まで３代がアジで結ばれた家族関係。アジはこれからが旬だ。

（17年7月12日）

第六章
野菜・その他のおふくろメシ

角川 博さん

歌手。1953年生まれ。

野球少年のお腹を満たしてくれた広島焼き

広島・広陵高校出身の角川博さんは根っからの野球少年。高校時代は軟式野球部で活躍した。

「おふくろは昭和7年生まれの83歳。原爆が落ちたのは13歳になった時でピカドンが落ちてくるのを見たそうです。原爆手帳も持っています。家は新聞販売店をやっていて、僕が生まれたのはおふくろが20歳の時。子供の頃は新聞配達を手伝っていて、それでも朝ごはんは食べない習慣で、学校に行き作ってもらった弁当を食べる〝朝弁〟。野球をやっていて弁当をかき込んでグラウンドならしをやっていた。おかずはウインナーや卵焼き、福神漬けです。でも、すぐにお腹がすくでしょ。それでおやつ、主食としてもいつも作ってもらったのがお好み焼きです」

小さい頃は肉と卵とハム類と野菜はキャベツ以外食べなかった。キャ

角川 博さん 広島焼き

作り方

①フライパンに油を引いて水で溶いた小麦粉を入れて薄くのばし、中火で焼く。
②鰹節をかけ、キャベツひとつかみをドーンとのせる。
③青いねぎ（ワケギなど）、豚の三枚肉を3枚のせ、その上に小麦粉のつなぎを少々。
④ひっくり返して焼いてフタをかぶせ、ある程度焼けたら一度取り出す。
⑤フライパンでそばを炒め、つなぎに少々小麦粉を使い④を上にのせてくっつける。
⑥フライパンに卵を割って黄身を円を描くようにのばし、焼いたものを上にのせて再びひっくり返す。
⑦オタフクソースをかけて青ねぎをふんだんに。

ベツどっさりで麺入りの広島焼きで育ったわけだ。

「家ではフライパンを使っていました。コツはしなやかになるように焼く時にフタをすること。普通は麺だけだけど、うどんも入れてミックスにしたのが好きで、細いそばと太めのうどんが混ざっているのがよかった。味の決め手は広島のオタフクソース。デーツというフルーツの実が入っていてうま味がピッタリ合うんです。いつも2、3枚はペロッと食べてました」

若い時は司葉子似の美人。勉強しろとは言われず一人っ子ということもあって自由に育った。反対されたのはクラブ歌手になると言った時だが、見て見ぬふりをしてくれたという。そんなおふくろの味を思い出して自宅でも腕をふるう。

「2人の娘は僕の作る広島焼きが大好き。あまり野菜は食べなかったのに今では野菜も好きになりました。隠し味はカレー粉。同郷の西城秀樹さんが、入れるとおいしいと教えてくれました」

（15年9月4日）

第六章
野菜・その他のおふくろメシ

土山しげるさん

漫画家。1950年生まれ。

思い入れが詰まった金沢のナスそうめん

グルメ漫画家の土山しげるさんは石川・金沢の出身。両親とも金沢の人で大正12年生まれの母・静子さんは昨年亡くなった。160センチある大柄でスラリとした近所でも有名な美人。しかも、三度の食事をてきぱきと作る手際がいい人だった。

そんな母が作った思い出の弁当がある。白いごはんの上に、甘く煮たたらこを煮汁と一緒に2本のせた弁当だ。

「昔の弁当箱はアルミでできていて、カバンに入れて持ち歩くとふたの間から煮汁がこぼれる。それでいつも教科書がグチャグチャになった。母は兄には厳しい人でしたが、兄は兄でそれをよく怒っていました。今も『あの弁当は』と思い出したように話してくれます」

土山家は母も酒をたしなむ家庭だった。食卓に酒好きにはたまらない「なまこ酢」や「このわた」といった酒肴が並んで、子供もご相伴した。

「小学生なのにこのわたをごはんにかけて食べるのが大好きでした。今ではホヤとこのわたの塩辛『莫久来』が大好物で、居酒屋にあれば必ず注文しますね」

そして夏に思い出すのはナスそうめん。金沢を代表する郷土料理で、夏が旬のナスとそうめんをだし汁で煮たもの。温かいままでも冷やしてもおいしいという。暑くて食欲がなくなる夏に、だし汁を吸った軟らかいナスとそうめんがツルツルッと胃袋に入っていく。今でも地元で親しまれている家庭料理である。

「だし汁は色味が薄く透き通っていて、飾り気もなく、お椀に盛られて出てきました。小学生の頃はごく普通に食卓に並びましたね」

土山さんは静子さんのＤＮＡを受け継ぎ、１８５センチの長身。「若い頃は体重も１０８キロあったから、大鵬部屋に行けとよく言われた」そうだが、漫画家になり、デビュー当時は極道モノ、裏社会モノを手がけることが多かった。料理に目覚めたのにはキッカケがあった。仕事漬けの過酷な日々が続いて、42歳の時についに過労でダウン。３週間入院することに。入院中、患者同士の話題といえば、退院したら、まず何を

土山しげるさん　金沢のナスそうめん

作り方

①だし汁に砂糖、酒、醤油を入れて煮立て、縦半分、切れ目を入れたナスを軟らかく煮る。
②そうめんを硬めに茹でて、ナスとだし汁を合わせて煮る。

食べるかだったという。

「『週刊漫画ゴラク』の編集長がお見舞いにきてくれまして。その時に次はどんな漫画をやるかという話になって、『ラーメン！』って、つい本音が出てしまった。それが95年の『喧嘩ラーメン』です」

当時、取材で全国を行脚した。

「思い出に残っているのは北海道なら『時計台』『旭川ラーメン』に函館の塩ラーメン。鹿児島ならたくあんがついてくる豚骨ラーメン。チャーシューが細かく切ってあった」

もっとも、土山さんは最近のグルメブームにはちょっと閉口気味。

「今はドラマからバラエティーまで全部グルメ。でも、ぜいたくな食材で作る料理ばかりで見るのが嫌になりますね。料理はやっぱり思い入れが大切。それが欠けています」

料理漫画の第一人者の言葉には重みがある。

（17年8月23日）

特別編
作った人たちの
おふくろメシ

峯田 淳

編著者。1959年生まれ、

両親不在で育ての親の祖母が作った
ワラビと油揚げの煮物

「おふくろメシ」を語るにはもっとも相応しくないと思う。理由は母親が作った料理を一度も食べたことがないからだが……。

昭和34年6月生まれ、生まれたのは山形市。悲劇は生まれてすぐにやってきた。産声をあげて3週間後、産院を退院したのと同時に両親が離婚状態になり、両親とも赤子の前から姿を消してしまった。どんな理由でそうなったのか、後年、いろいろ聞いてみたが、はっきりしたことは今もわからない。

残された子供はどうなったかというと、あまりに不憫だというので隣り町に住む、父親の家族が引き取った。17年春から朝ドラ「ひよっこ」が放送されたが、有村架純演じるヒロインみね子が育った、奥茨城の生家のような佇まいの山の家だった。最初は祖父母、父親の兄夫婦、後から生まれた3人の従弟と8人の家族。

しかし、悲劇は再び――。9歳の春に叔父夫婦が家を出て行って一家は崩壊。田舎の家に残された祖父母と3人の生活が始まった。そんなわけで「おふくろメシ」は〝育ての親〟の祖母が作ったもの。例えるなら、この連載にも登場していただいた島田洋七さんの「がばいばあちゃん」のような人で、物言いがはっきりしていた。快活で無類のという形容をしたいくらい明るくて料理上手。村の集まりなどでは率先して〝まかない〟などを作る姿を都度都度目にした。

山の中なので、祖母にはよく山菜採りに付き合わされた。というか、後をついて歩いた。春はワラビやゼンマイ、山ウド。秋はしめじなどのキノコ。祖父母とはそんな自給自足のような生活で、食卓にのぼるのは裏の畑で採れた野菜や危険を顧みず採ってきた山菜などが中心。幸運だったのは子供ながら、なぜかそういうものが好きだったことだろうか。祖父が肉好きで祖父嫌いの子供の頃は肉類は全部NG、野菜や山菜しか食べるものがなかったということかもしれない。

そんな中でも、嫌になるほど出たのがワラビと油揚げの煮物。直径1センチもあろうかという太いワラビが採れて春先はそれが毎日。灰汁抜

峯田 淳さん **ワラビと油揚げの煮物**

作り方

材料は灰汁抜きしたワラビ、チクワ、油揚げ、サラダ油、醤油、みりんとだし汁（好み）

①適当な大きさに切ったワラビ、輪切りのチクワ、湯抜きして短冊に切った油揚げを炒める。

②油がなじんだら、だし汁、醤油、みりんいれて水分がなくなるくらいまで煮て出来上がり。

きしてエグミを取って水に浸かった状態のワラビは土臭くて、掴むとニュルっとして気持ち悪いが、油で炒めて油揚げと甘辛く煮るとうまい。油との相性のよさでは、ワラビはナスと匹敵するのではないかと思う。

「おふくろメシ」なので数少ない母親との記憶を辿ると、侘しいかな、何もない。初めて会ったのは大学を休学していた22歳の時。結婚式の時の写真1枚でしか知らない母親をやむにやまれず、なんとか探しあてた。意外なことに母親は田舎に住んでいて生前、数回顔を合わせただろうか。思い出というほどのものもない……。

特別編
作った人たちのおふくろメシ

島田良平さん

料理人。1973年生まれ。

きょうだい喧嘩したことも忘れてがっついた天ぷらの盛り合わせ

タレントの千原せいじさんがオーナーの店として有名だった居酒屋「せじけん」の料理長として当初、「おふくろメシ」の料理を再現してくれたのが島田良平さん。その後、お店が志賀正寛さんがオーナーの「焼鳥酒場リンダリンダ」になってからも引き続き、再現を担当してくれた。

料理の撮影ではかなりご苦労をおかけした。登場していただいた方はさすがに何十年も前、母親がどんな風に作っていたのかわからないことも少なくなく、うかがった内容から推測して再現したこともあった。中でもオリジナルのメニューは出来上がりを想像するしかないので、「こんな感じですかね」などと相談しながら、後日、恐る恐る登場者にご確認いただいた。

撮影も大変だった。前日にお店近くのスーパーで買い出しして材料を届け、撮影は翌日。お店の混雑具合を互いにＬＩＮＥで確認しながら、準備してもらう。しかし、予定していた時間に急に店が混み始め、「今日は無理です！」ということもしばしば。結局、閉店後の深夜ということが何度かあった。

この企画はそんな試行錯誤の中で、再現を続けてくれた島田さんの協力がなければ成立しなかった。というわけで、島田さんご自身の「おふくろメシ」を――。

73年長野市生まれ。実家は市内の繁華街の権堂町で中華屋をやっていた。兄が一人。子供の頃はきょうだいとも活発で一日中外で遊び回った。ザリガニやら虫やらを捕まえたり、大好きだったのが釣りで渓流、池、湖とどこでも釣り糸を垂らした。長野県には海がないので、たまに父親に上越の海まで連れていってもらい、海釣りした記憶もあるという。

両親は毎日、中華屋で共働きで、いわば鍵っ子の活発なきょうだいは喧嘩の毎日。それでも、家族で仲よく食べたのが天ぷらの盛り合わせだった。材料はエビ、カボチャ、サツマイモ、レンコン、ナスなど季節の野菜、ちくわの磯辺揚げ、人参と玉ねぎと桜エビのかき揚げ。それを両方

島田良平さん　天ぷらの盛り合わせ

作り方

①材料はエビ、カボチャ、サツマイモ、レンコン、ナス、ちくわの磯辺揚げ、人参と玉ねぎと桜エビ。
②これを天ぷらにしておろししょうがと醤油で食べる。

に取っ手がついた中華鍋（広東鍋）にたっぷりの油を入れて揚げてくれた。島田家ではそれを醤油とおろししょうがで食べる。天ぷらが出ると、きょうだいは喧嘩したことも忘れ、好きな具にがっついた。

島田さんは子供の頃から両親が料理する姿を見ながら育った影響で、中学を出てガテン系の仕事をした後、19歳から店を手伝った。その数年後に上京し、居酒屋などで働きながら「せじけん」で厨房を任され、「リンダリンダ」に至る。

「タレントさんや有名人の方の子供の頃の〝ごはん〟を作るのを楽しませてもらっています」

両親は中華屋をやめて現在は居酒屋をやっている。

「焼き鳥酒場 リンダリンダ」は元々は千原せいじさんが経営する店「ずるずる処 せじけん」でした。千原せいじさんを慕う若手の芸人がアルバイトしている店としてマスコミで取り上げられることもありました。そこに激戦地下北沢で「三日月ロック」という焼き鳥店を経営する志賀正寛さんが加わって焼鳥の店になり、志賀さんがオーナーの「リンダリンダ」にリニューアルされました。

住所：東京都渋谷区幡ヶ谷2-9-19
青木ビル2F

電話：03-6383-3205

本書は夕刊紙「日刊ゲンダイ」で15年9月4日付けからスタートし、現在も連載が続いている「オレのおふくろメシ」をほぼそのまま収録したものです（直近の掲載に関しては一部加筆）。取材・執筆では、編集局の長昭彦氏、絹見誠司氏、フリーランスの中野裕子さん、浦上優さん、日刊ゲンダイ写真部が協力してくれました。感謝致します。

編著　峯田　淳

おふくろメシ

80のごはんの物語

2017年12月7日　初版第1刷発行

編著　峯田 淳
写真　日刊ゲンダイ写真部、竹下アキコ
デザイン　秋吉あきら
取材協力　長 昭彦、絹見誠司（日刊ゲンダイ編集局）
中野裕子、浦上 優（フリーランス）
編集　戸崎友莉
担当編集　喜多布由子
発行人　佐野 裕
発行　トランスワールドジャパン株式会社
〒150-0001 東京都渋谷区神宮前6-34-15 モンターナビル
Tel：03-5778-8599　Fax：03-5778-8743

印刷・製本　中央精版印刷株式会社

Printed in Japan

ISBN 978-4-86256-218-0